ASSUME NOTHING

FOR JACK

Like a moth to a light, I am drawn to people whose gender is uncertain, fluid and challenging. It resonates with something very deep inside me.

I HAVE A TWIN BROTHER WHOSE ENERGY MERGED WITH
MINE FOR NINE MONTHS. WHEN I SEE PEOPLE WHO
EMBODY BOTH MASCULINE AND FEMININE ENERGY,
IT AWAKENS THAT PRIMAL STATE WITHIN ME.

This has compelled me to ask perfect strangers if I could photograph them. Amazingly, most agree and this is how "Assume Nothing" began. My awareness of what drew me to this project has only been recent. This is the magic of photography for me. I am compelled to take pictures, not fully understanding why. Finally, when my brain catches up, the images reveal what my subconscious already knew.

That's my process, but this book is really about the twenty five remarkable individuals who, from 1995-2003 continually reminded me to assume nothing. I've been overwhelmed by their generosity to share their passions, struggles, triumphs and visions. They all live with courage, often in the face of prejudice and ignorance.

This project has taken me from Auckland to Sydney, New York, San Francisco, Frankfurt and London. Sometimes to connect with specific people and sometimes to explore communities where alternative gender is more openly expressed.

On the following pages gender is embodied, expressed, transgressed, transformed and performed in many different ways. Each person reveals their own gender nuance and this is but the tip of an emerging iceberg.

I hope "Assume Nothing" challenges those judgements that so often spring from the fear of difference and inspires us all to be true to our hearts.

REBECCA SWAN

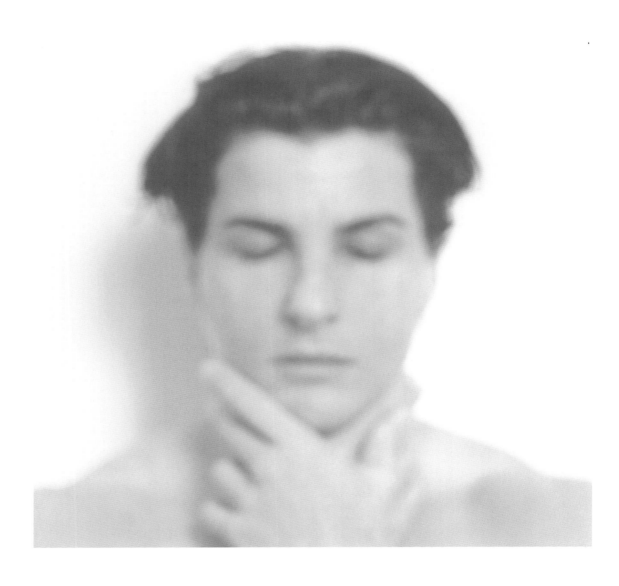

SYDNEY LIGHT #1 (MEGAN)/1997

BLUR/1996

When I'm feeling good, I think it's a lucky thing to have a gender that is so fluid and in perpetual motion. Sometimes I feel very positive about it, in that not many people get to experience a multi-faceted gender in which anything is possible.

JAMES

Gender Flex

BY JUDITH "JACK" HALBERSTAM

Assume nothing! Rebecca Swan's book warns her readers. And the images quickly reveal the dangers of forcing simple terms onto unwilling bodies. In some of the photographs, Swan's own technique has created new arrangements of flesh and identity but in many others, the photographic subject him or herself has presented an ambiguous body to the camera and has dared the camera to re-impose order. Swan's camera never does and the bodies collected here, in an archive of predominantly queer life, are celebrated and applauded for their splendid and courageous refusal of certainty.

Gender theorists have been debating the meaning of flexible forms of embodiment for well over a decade now. Ever since Judith Butler dissected the "trouble" with gender and with regulatory regimes of identification, the ambiguously gendered body has been held up by artists, activists and theorists as evidence of subversion, transgression and resistance. But of course opposition was never that simple for Butler and her understanding of drag, camp, transsexuality and butch-femme has been endlessly misinterpreted ever since. In fact, for Butler, drag exposed the politics of gendering but it could not reverse or undo gender norms; drag, like butch femme, reminded us that so-called "natural" genders were highly performative and scripted repertoires. But there is no guarantee in Butler's work, or in other post-structuralist feminism, that we can release ourselves from gender norms by understanding how they work.

Artists and activists are far more confident than academics about the meaning and the potential of gender flexibility and it has been in art and film, generally speaking, that we have seen a widespread celebration of new levels of gender "fluidity." In the personalized captions that accompany Swan's images, for example, one person after the other expresses a sense of their experience of gender as fluid. James says, "When I'm feeling good, I think it's a lucky thing to have a gender that is so fluid and in perpetual motion." Another person says: "Now, I've come to the point where I don't see myself as any gender. I don't think there are two genders. People box characteristics into either a female trait or a male trait, which I don't think is correct." While Swan's images capture in glorious detail the wide range of bodily transformations that queers in particular have cultivated, these images suggest more than gender fluidity.

As anyone with transgender inclinations will know, the body does not always do what we want it to do. Transgender identity is as much about the constraints of identification as it is about the possibility of release from those constraints. Most of Swan's photographs capture this push-pull dynamic between gender liberation and gender restriction and despite the utopic drive towards androgyny that many of the photographs express, the body remains, by the end of the book, caught between longing and being, wanting and having, needing and lacking. The genius of these images is that they want to want an oceanic sense of undifferentiation, of blurring and of blending, and yet they resist their own desire and remind us at every turn that difference and sameness play out a complex choreography across gendered flesh.

In other words, gender fluidity is a nice idea but it is also a trap. Many transgender people do not and cannot describe their relation to gender as "fluid." Transsexuals have quite rigid (not in a bad sense) investments in one gender or the other and yet they are often pointed to as the evidence of gender fluidity. Transgenders are, for the most part, people for whom their assigned gender has failed to describe their material experience of gender identity. They also cannot really be slotted into the framework of fluidity given that a transgender person tends to be making a statement about the misrecognitions that have marked and made his or her body. And the intersexed body is certainly not a fluid body: it is often a body harmed by a presumption of fluidity.

One of Swan's subjects, Mani Bruce Mitchell, describes the damage done to herm body by doctors who first assigned a male and then assigned a female gender identity to Mani. Upon discovering herm medical records, Mani, like so many intersexed people, felt cheated and assaulted by the changes made without consent. Mani talks about cultivating herm facial hair as a way of honoring and maintaining a connection to the forms of embodiment that the doctors denied herm. Swan depicts Mani's body as a surface upon which identity has been inscribed. In the first image, Mani's eyes are masked by an ink scribble. Mani covers herm torso and the photo records the ambiguous juxtaposition of hard muscular arms with the suggestion of breasts. In the next image, Mani looks into the camera, herm eyes are no longer hidden. And the scribble that covered them in the last image has morphed into a statement of self, scratched over the exposed breasts: "I am not a monster", reads the ink forcing us to see the body and its painful histories. In the final image, Mani opens herm body up: s/he flexes herm arms behind herm head and we see the breasts as pecs, as hard and not even slightly maternal. "Who's body is this?" reads the caption this time and the defiant pose of Mani dares the viewer to respond.

Gender fluidity and flexibility are peculiarly Western understandings of liberated embodiment. In some of Swan's pictures, indigenous people, both Maori from Aotearoa / New Zealand and Pasifika peoples, imply that gender does not work in the same way across cultures. Ema, for example, identifies as "Takataapui" and she explains that male and female "are not exactly separate" in her understanding. Ema bears a tattoo that, she says, "symbolizes my Whakapapa (genealogy) and my life journey." The tattoo was traditionally worn by women warriors and here Ema wears it with a dildo, thus she brings the postmodern plasticity of gender into a dynamic relation with a complex past of gender roles and functions. Karl describes himself in the following way: "I am Samoan first, fa'afafine second and then fabulous." He explains: "Fa'afafine is a Samoan who is physically male with the spirit of a woman. Being fa'afafine is having the wonderful gift of experiencing the world with the eyes and the spirit of being like a woman, a Samoan woman." This is a powerful statement of difference that does not coincide in any easy way with Anglo-American concepts of gay, lesbian and transgender nor with any simple notion of androgyny or gender fluidity. Fa'afafine describes a very particular gender role, a very specific social role, and as Karl explains, it was a role that was recognized and supported in Samoa but misunderstood and maligned when he made the move to New Zealand.

A few of Swan's subjects remind us that we live our genders, if we are lucky, in proximity to other queers. Carmen, a fabulous Maori drag queen now living in Sydney, is photographed by Swan in her dressing room, surrounded by photographs, costumes, accessories and mirrors. Carmen smiles broadly at the camera and her face is framed by an enormous pair of surgically enhanced tits below and a glorious high headdress above. Carmen tells of her life as a "drag queen, a female impersonator and a transsexual." Even though she has not had lower surgery and plans not to get it, she is comfortable with the term transsexual and comfortable sliding it along side "female impersonator." Carmen turns what could be a set of contradictory appellations into a compelling biography and she adds sex worker, club owner and then survivor to her resume. She sums up her busy life in one moving sentence: "In that period, in the 1950's and 1960's, there were thirteen or fourteen drag queen prostitutes and I'm the only one still alive."

A Maori transsexual who came out in one of Carmen's clubs in the 1960's was Georgina Beyer, now known widely for being the first transsexual member of parliament. Beyer was elected to office in 1999 after serving as Mayor for a rural conservative town in New Zealand. Georgina's story was recently made into a documentary, Georgie Girl, and in this film, Georgina speaks openly of her past as a sex worker and her time spent in the queer drag clubs of Sydney. While she is obviously glad to have put this past behind her (she coments: "I never want to end up back on the street again"), Georgina also recognizes that the clubs and bars, and the drag queens who ran them and worked in them, were life savers. She says: "At the nightclub I saw all these beautiful drag queens. I saw the light and I never looked back."

Swan's remarkable collection of gender queer portraits in image and word flirts with the easy message of freedom and self-realization. But ultimately the images themselves insist upon a more complicated narrative of being and becoming. Certainly, as many of Swan's subjects remind us, gender norms have changed radically in the last ten years: transsexual women have many more options now than sex work and isolation and transsexual men are finally being recognized by medical practitioners but also by other queers. But again, the rosy optimism of a simple narrative of progression and liberation does not do justice to the extraordinarily resilient power of binary gendering and stable sex roles in a male-dominated world. Since September 11, 2001, global shifts toward conservative regimes around the world have vividly illustrated the folly of any belief in the forward motion of social justice. US military aggression coupled with the dangerous merging of state and church in the White House sets the stage for any number of worst-case scenarios in relation to a whole host of social issues from abortion to gay marriage, from health care to racial profiling. While we are in the business of "assuming nothing," let us not assume that small glimmers of gender multiplication somehow serve as the harbingers of global stability. If we are to assume nothing, then assumptions about the positive meaning of gender flex will have to be suspended while we assess the relationship between new forms of "flexible" capital and newly flexible genders.

"Assume nothing" should indeed serve as a motto to lead us through this extraordinary array of images and lives but it must also keep at bay false claims of revolution, transformation or liberation. These bold and beautiful expressions of gendered embodiment certainly put us in touch with the material shifts that have ushered in a new era of queer activism but, in their fragility, their vulnerability, their states of sheer and unadulterated unknowing, Swan's images also show us precisely how far we still have to go.

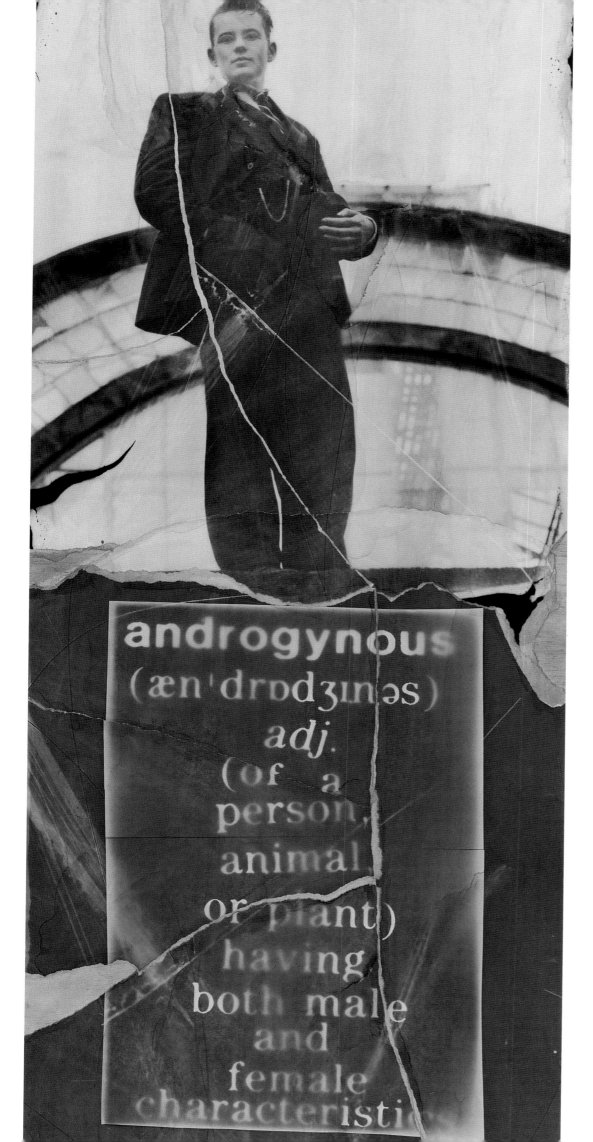

androgynous
(ænˈdrɒdʒɪnəs)
adj.
(of a
person,
animal,
or plant)
having
both male
and
female
characteristics

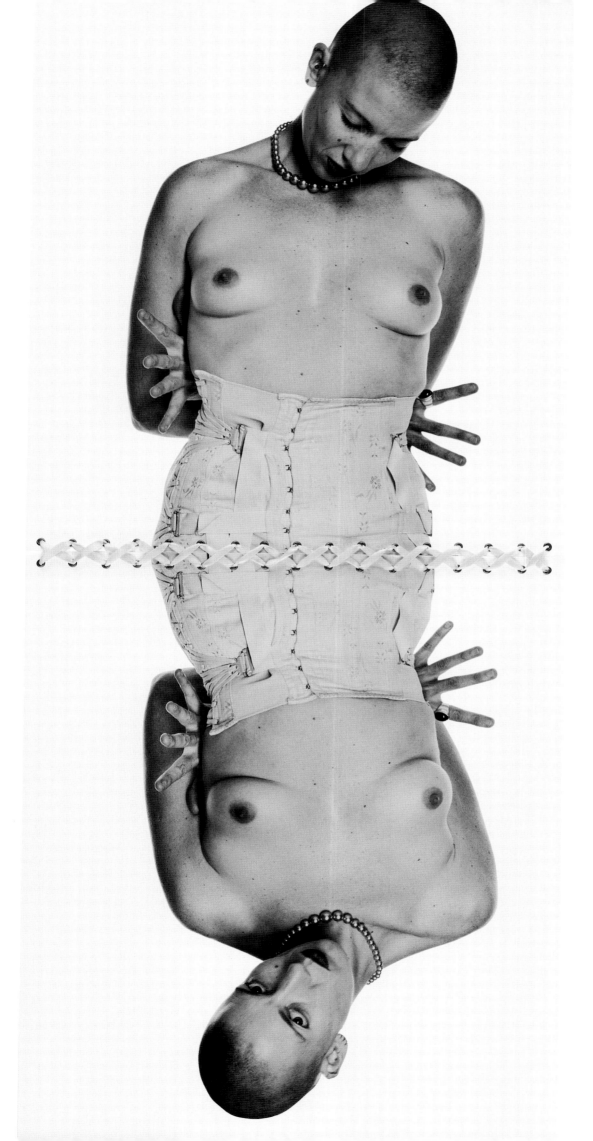

(MILDRÉD GERESTANT AKA) DRÉD IN NYC/2001

Now I've come to a point where I don't see myself as any gender. I don't think there are two genders. People box characteristics into either a female trait or a male trait, which I don't think is correct. I think that everyone has traits of all different descriptions. I would love us to get to a point where what gender you were would be irrelevant. Or there would be something else. They'd be a gender blaurr. There'd be some word.

Some years ago, I experimented with testosterone which I did for my bodybuilding. My muscles got bigger but I grew a little bit of facial hair, my breasts shrunk, my voice got deeper and my sexual appetite was crazy. My head just spun out. I became very confused about who or what I was. I wasn't even able to identify with my name. I remember writing my name and thinking I'm not that girl any more.

I started to get really animalistic. I remember looking at girls quite differently, I felt that they were prey and I was like some sort of wolf. It was very scary. When I identified with the hunt thing, I just reeled back and stopped. I didn't want to get physically involved with anybody because I really didn't know how I would act. I knew that I was really vulnerable and that I was flicking from one side of something to the other. It took a long time to come out of that, even after I'd stopped the drug.

I spent the end of that year looking deep inside myself to find what it was all about and what it meant to me. Part of that made me really cherish the feminine side of myself. I'm very precious about that. The voice inside me that protects me - that I talk to, is the little girl that I was when I was seven and eight. If I lost my femininity I think I'd lose that link with her.

Some people have the attitude that I have no right to look like I do and call myself a woman. They don't want to see me for who I am. They try to soften it, or even tell me that I'm not the gender that I am. That's how far some people go to make it fit or right for them.

My ideal world is about learning to love myself, so that what other people say can't touch me. People are always going to say stuff. I can't stop ignorant people being ignorant.

MELISA

I identify as Takataapui, which is a word that encompasses all expressions of gender and sexuality within queer culture. As switch I express both male and female aspects of myself and they are not actually separate. They are an integrated expression of who I am.

When my Ta Moko was being tattooed, it was part of a deep spiritual awakening. It's a design that I began to draw when I was nine years old. It symbolises my Whakapapa (genealogy) and my life journey. I had a knowing as a child that one day I would wear this form of Ta Moko. I was captivated by Puhoro, (thigh and buttock tattoo) in books about Maori tattoo. Even though the books never mentioned that this form of Ta Moko was worn by women, I knew one day I would wear one. I have been told by Kuia, (female elders) that women did wear Puhoro and that these women were warriors-Wahine Toa. These women fought, carved their own weapons and assumed roles that were considered male.

The whole process of my Ta Moko was like an uncovering of something that was already there. That's how I feel when I wear a cock. I feel like my clit has grown into a cock, a solid manifestation of part of me.

EMA

I had a recurring dream through most of my teenage years and some of my twenties. The basic elements of the dream were that I'd sold my soul to the devil and he'd turned me into a boy. In one dream, the devil turned me into a little baby and then I grew rapidly into a huge adult man in the space of a few hours. In another one I had to rub my face and as I rubbed it the hair came through. So my physical body just metamorphosed into a male version. That sensation was so vivid. I'd always wake up feeling dreadfully disappointed.

Sometimes I pretended to be a boy. I knew that people always thought I was a boy when they first met me, so it was really easy. I just introduced myself with a male name. Tom or Harry or Jack, those were my favourites because they were really masculine. I had to play into their perceptions of me and they would accept me as a boy. The thing that put me off doing that was getting bullied. Other boys will try and physically dominate you. That happened a few times, so I took the coward's way out. I'd say, "Don't, I'm a girl."

I don't feel like a man, but I don't feel like woman either. It's possible to take hormones now without having a full sex change. If I did that I think my outside would reflect my inside more.

FRANKIE

I've been a cross dresser from the age of about three or four. I used to always want to wear ties and shirts. My mother let me go to the Blossom Festival in Hastings in shorts with a fly, a white shirt and tie and my hair was really short. I was about four or five. All these people were saying, "Is this your son?" My mother would say, "No, it's my daughter." People were quite taken aback. I thought I looked really neat, but we got this negative reaction from my mother's friends. My mother is quite an unusual woman really. She's not happy that I'm gay. She probably blames herself for taking me to the Blossom Festival wearing a tie.

FRANKIE

FRANKIE (LEATHERS)/1998

FRANKIE (WHIP)/1998

When I used to wear dresses to please other people, I'd get a lot of feedback, "Oh, you look lovely".
I guess I did look like a lovely girl but it just didn't feel right. Whereas now I put a dress on and I don't look lovely, I look quite
odd. I've got these big tattoos over my arms and down my legs, but I'm wearing a sexy dress. Now it's something I can play
with. When I'm wearing a dress, I feel more like a drag queen than a woman.
It's a costume.

FRANKIE

MEGAN (SILVER)/1996

I was born in 1953. The young nurse who first picked me up said, "Oh my god, it's a hermaphrodite". I know this part of the story so well because it was the only time in my life that my mum talked to me about it. I was twenty two at the time and I was trying to work out who I was. She was telling me the story and when she got to that part she actually started screaming. My mum was a typical woman of that generation she didn't show emotions and she ran out of the room. This was the first time in my life that the word hermaphrodite had been dropped in and my mother goes running out of the room. She came back about ten minutes later and said, "Oh I think it's going to rain, I better go and get the washing in." How do you pull that knowledge inside yourself? Hermaphrodite, I didn't even know what it meant.

My genital ambiguity was identified in those first few minutes. I was initially assigned male with a too small penis. So my parents went off with their little male child. Just before my first birthday I had a laparotomy. That's where they look on the inside to see what was there. It was discovered that I have a uterus. The gender designation was changed at that point from male to female with too large a clitoris. My parents were then living in this remote rural valley. The whole community had a meeting and they decided that the kindest thing to do, was to pretend nothing had happened, to pretend that I'd always been a little girl. That set the scene for the rest of my life. Lots of people knew, but nobody could talk about it. The only person who didn't know was me.

When I was eight, I travelled in secret with my mum and my dad to Auckland Hospital where genital surgery was performed. My "errant genitals" were altered to have what is considered "normal" female appearance. It was a terrifying, lonely, painful and deeply traumatic experience. No one explained to me what was happening or why. For most of my life I didn't understand that memory.

Then thirteen years ago my mum died and I ended up with a lot of the documents including all of our baby records. It was while I was looking through them months later, that I found there were bits cut out of some pages. That's what alerted me to something being unusual, so I was giving what was left some scrutiny. I found two entries. One that says, "Nice wee lad", that's about the forth or fifth month, then there's another entry just before my first birthday. It says, " Seen by doctor, sex determined as female". I hit a wall. I didn't know what to do. I went to see a doctor and she tried to carry out a physical examination. She kept reinforcing it all saying, "You're a normal woman." I couldn't put the two things together. So I buried all the confusion and shame again.

In 1989 something traumatic happened that cracked the "concrete" that had been placed on all that buried memory. I coped by becoming a workaholic. I had a demanding job that required me to be on twenty four hour call. Then in the 1993 Christmas holiday, for the first time I wasn't on duty. I had four weeks by myself. I spent most of the four weeks trying to figure out how I was going to kill myself. The only reason I didn't was because I had this old cat that I loved. I knew that if I told anyone about needing to check on the cat they'd wonder why. So I managed to survive the holiday. The irony is, that if I'd have killed myself, I wouldn't have known why I was doing it. I just felt awful.

At the time there was a program on the radio called "Free to Fly." It was about adult survivors of childhood sexual abuse. It seemed every time I turned the radio on that program was on. I guess some of the content must have filtered in and resonated. I shared a fragment with a friend who suggested I see Dr Hetty Rosenburg. It was Hetty who suggested that I attend an Elizabeth Kulbler Ross workshop and that's really where things started to turn around. As a result of that process, I realised that what had done the most damage in my life, was not being who I was. I wasn't sure at that point who I was, but I was determined to find that person and be that person.

The journey to that place has at times been extraordinary and often incredibly painful. There have been moments and times where it has been too difficult and it has seemed impossible. So I've reached this special place where I stand on the planet inside my own body in a way that feels like I own it; I understand it, I celebrate and love its ambiguity. Maybe from the outside people might describe aspects of it as feminine and masculine, but that is not my reality. I don't see any kind of separateness. I experience this body now and my reality is one thing.

MANI

Text written 1998.

MANI (SCRATCHED EYES)/1998

I reclaimed my birth name three years ago, which is Bruce Mitchell. So now I'm Mani Bruce Mitchell. It was the following summer, I was doing what I've done every day of my life, which was cutting the hairs on my face. I suddenly thought what am I doing this for? I thought I'm doing it because I live in a world that says, women don't have obvious facial hair, it's something to be ashamed of and got rid of. Growing this facial hair has been a wonderful act of reclaiming. I like it. It's a very in your face thing. I certainly wouldn't describe it as a beard, it wouldn't win any competitions, but it's one of the last obvious aspects I have left of my ambiguity.

MANI

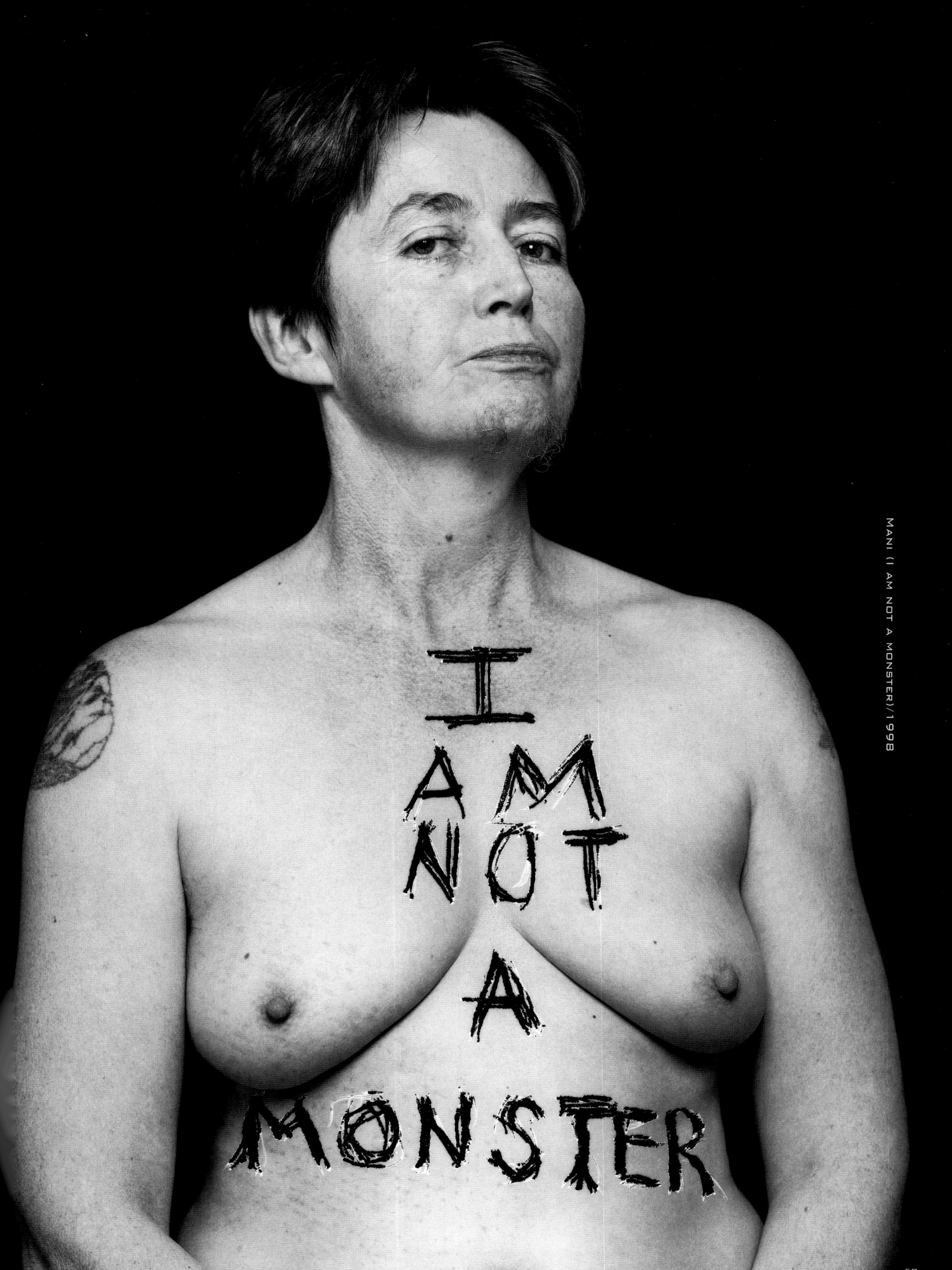

MANI (I AM NOT A MONSTER)/1998

I met a number of parents of intersex children last year. It was them describing their personal reactions to being told about their intersex baby, that made me realise how complex this all is. I can only describe it as being a primal reaction to difference. You've got that combination of not only physical difference, but there is also the question about the child's future sexuality. There was a woman whose reaction was vomiting whenever she picked up her intersex child. To have a different outcome, it's going to require society to turn around and face itself and think, what is this fear about?

I will continue to work with others to create a space where people can be with their hermaphroditic self and each find their own way to feel o.k. about it. In order to do that, it means working with the medical and sexual health profession, with parents and with society. One of the things that has been argued in justification of the "normalising" surgery and hormone treatment, has been the notion that it's not safe to keep an ambiguous physicality, that parents need to accept their child as male or female.

In some ways the doctors are right. But that is no longer reasonable justification for that kind of treatment protocol. I think it's time to start asking questions. What needs to happen, for all of us who are different to be safe, to be accepted and respected on this planet? What needs to happen to create a space for choice?

What is normal is shifting. When I was born, what was accepted as "normal" sexuality then was heterosexuality; homosexuality was a diagnosed psychiatric illness. So if we can change the boundary line for sexed realities, it can change the boundary line for gendered realities.

MANI

DRÉD (GIRL)/2001

I, Mildred Gerestant, am also known as Drag King Dréd. I am a woman who likes to describe my selves as many things. Some of those things are multi-spirited, gender-illusioning, Haitian-American, fluid, anti-oppression, self-expressed, ancestor-supported, Goddess, and blessed. I created Dréd through Mildred. We are one and the same.

I am first generation born in Brooklyn, NY, of Haitian parents. It took me a while to tell my mom about doing drag because I wasn't sure how she would deal with it. In Haiti drag is probably one of the last things you would hear spoken about. My mom and my sisters and brothers like seeing me on TV and coming to my shows. They have all been supportive, which has meant a lot to me, and I am so grateful and thankful for that.

In my performances I use theatre, dance, cultural history, and humour. I play with gender roles, and social/racial stereotypes to hopefully inspire my audience to think about the complexities of race, gender, and identity. This gender-bending path has given me the courage to express myself freely in whatever way I feel I need to do. Hopefully I inspire others to do the same, respect one another's lives and be open to the beauty in our "differences". It is natural to be different.

DRÉD

MARK (BOY/GIRL)/1998

I think drag, and the whole camp culture is so big in Australia, because it's very good at embodying that sense of good time as well as serious. People get so afraid of difference that they forget to see the same; that we're all human beings. Humour cuts across that. To make people smile and laugh is twenty times more effective to open people up than confrontation.

MARK

MARK (GIRL)/1998

I went to Sydney in 1959 when I was in my early twenties. That's where I started dressing up in women's clothes, becoming a drag queen, a female impersonator and a transsexual. I haven't worn men's clothes for over forty years now. I'm a transsexual but I haven't had the lower surgery. I got my forty four bust done in the early 1970's, which I'm still so proud of. The sex changes were being done in Cairo, Egypt. I was going to fly over to get mine done but one of the presidents of Egypt got assassinated and they asked me not to come over for a while, and I've never had it done. I'm sixty four so I won't bother now. It doesn't really worry me.

In the 1950's and 1960's I would work on the streets to get me glamorous clothes for shows, but I was also doing a waiting job during the day. I worked until I had enough money to open up my own place. I had the coffee shop, which was absolutely gorgeous. It was all exotic, red walls, purple carpet, leather gear. I had to open seven days a week because we were so busy. We'd open at six o'clock and be open until three in the morning. I also had the nightclub. My staff were drag queens, gay men, lesbians, prostitutes and heterosexual people as well. I ran it for twelve years. I wanted it to be a mixed crowd and we all got on really well.

The hard thing about making the transition to living as a woman was in Sydney the police were like demigods and they'd pick us up every night if we were on the street soliciting as prostitutes. They'd take us to Darlinghurst police station and hose us down, beat us up badly, put phone books down our jumpers and use us as punching bags. They'd pull our wigs off our heads and throw them away.

In that period in the 1950's and 1960's there were thirteen or fourteen drag queen prostitutes and I'm the only one still alive.

CARMEN

MY NAME IS GEORGINA BEYER. I'VE BEEN TRANSSEXUAL SINCE 1976. I WAS IN MY MID TEENS WHEN I ASSUMED THE LIFESTYLE. BEFORE I MADE THE TRANSITION I WAS INTRODUCED TO CARMEN'S BALCONY WITH THE DRAG SHOWS AND THE COFFEE LOUNGE.

I was exposed to transgender and gay people for the first time. At the nightclub I saw all these beautiful drag queens. I saw the light and I never looked back. I knew it was possible to fulfill something that had always been in me.

Things were different then. In terms of being a participant in society, you weren't really allowed to participate in the true meaning of the word like everybody else. In the street scene it was fun, exciting, fearful, painful, but it provided us with a living, put drugs in our veins, gave us the excuse to be outrageous exhibitionists. Not all transgender people take that route to living our lives, but the majority of us have touched that from time to time. I started objecting to the waste of human potential that was happening to my contemporaries around me. I was looking at the example of those who'd gone before me, there were very few in the way of role models, people who got on and knew how to succeed.

In 1999 I was elected Member of Parliament, which made me the world's first transsexual MP. In July 2002 I was re-elected for a second term. I had previously been elected the world's first transsexual mayor. There has been huge interest in that, not only locally but internationally.

Here I was, transsexual, out and open, and here is a rural conservative heartland area of New Zealand, electing me with a huge majority as their Mayor. The people here were able to look beyond what I was, or who I was, and my past. Reluctantly, I had to resign as Mayor in March 2000 due to an extremely heavy parliamentary workload. We can't hide behind the spectre of being suppressed people any more. We actually have a world of opportunity now. People have real choices to make about what they want to do with their lives and how they want to advance themselves. That's probably the greatest challenge now.

I never want to end up back on the street again, it's a great benchmark. I could easily carry a lot of baggage but I don't. I have my own perception about what's worth worrying about and what's not. That is very clear.

GEORGINA

IT WAS PROBABLY WHEN I WAS ELEVEN OR TWELVE THAT I REALLY KNEW SOMETHING WAS GOING DOWN.

Fuck, I was horrified the first morning I started to bleed and experienced all those horrible things that women have to go through. I went through the first six months of that just wanting to die right then. That's how severe things got for me. I didn't think gender had anything to do with it at the time. Then I was Chrissy.

Sexuality became an issue when I was fourteen or fifteen. I was expected to do the dating thing, do what I was supposed to do as a physical female. Here I was, struggling with the male persona coming from the person I was going out with, always getting into arguments. They weren't just your basic arguments, for me it was a real issue. Something deep.

The sex thing was a big issue. You could almost describe it as a rape situation. That's how it felt physically because I didn't want to be doing it. But I went along with it and hoped it'd be o.k. I'd have a bath and get on with it.

One particular morning I remember going into my mum and feeling really sick. She took me to the doctor who examined me, then turned to mum and said, "Well, you're going to be a grandmother in about seven months' time." I just sat up on the table; fucking horrified. It was an instant oooo yuck reaction. I just looked down and imagined myself getting huge. It just didn't feel right. I was just under fifteen.

So I did the baby thing. Here she is, Nicole. Wow I'm a parent and I even baked it. That's how I was thinking at the time. Even now it still shocks me. Even though I do have maternal instincts, I much prefer the paternal side of it. At that time I was starting to think I was a dyke, that it was a sexuality thing. I'd been identifying as a dyke for about eight years. I just went along with what you do as a dyke. I went out with women as a woman. But there was still that little something nagging. I thought, o.k. if my sexuality isn't the problem, what is the problem? So I saw a counsellor and that's when I realised that I was transsexual. From then on I began to live the real me, as a man.

SHANE

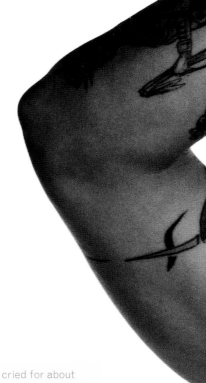

After about a year on hormones, the voice dropped. The morning I woke up and realised my voice was deeper, I cried for about two and a half hours. I just turned the stereo up and let it all out.

I started filling out and narrowing down in different areas. I've pumped a lot of weights and my breasts just flattened off. Luckily, I had quite a butch body anyway. I seem to be more self accepting and I'm starting to look a lot more male now. I'm a spunky young man, I'm just buzzing. I feel like a male teenager and part of that is hormonal, but part of it is just me. I'm finally getting to live me. Looking at myself as Shane, I'm hell of a lot happier with myself personally.

In the early 1990's I told Dad that I was becoming a man. He said, " Oh my God I'm losing my daughter" and I said, "Yes Dad, but you're gaining a son, think of it like that". I haven't seen my father since then. I've spoken to him on the phone twice. Each time he referred to me as his daughter, which is all very sad.

Nicole is fine in all this, she's a happy little kid. She's more my friend than my child. She's called me Dad for six years now. She knows what I've done. I try to be as honest as I can with her so that she gets a really good feel for who I am. She's really well educated about sexuality. She lived with my dyke partner and me when I was identifying as a lesbian. She knows I'm now seeing men and that I want a boyfriend and she's fine with that.

I've been a straight woman, a bi sexual woman, and a gay woman. Then I made the transition to being male and thinking I'm straight and now I'm coming out as a gay man. I can see how it's hard for people to get a grip on. People need to get into the emotional and get in touch with themselves a bit more and look beyond the crotch.

There was a time where my thinking was pretty much black and white. If you're a dyke this is what you do and if you're straight this is what you do. But those days are long gone; long, long gone. I don't think you can put too many restrictions on yourself. I don't do labels, I try and keep away from that stuff. I just dip in and take what I need when I need it.

SHANE

When I met Lisa I immediately felt comfortable with her because I knew she was transsexual too. I am female to male and she is male to female. We started doing sex work together as a double. So we started practicing what we would do with a client. We ended up telling each other how we'd like to be touched. We had a pretty good night playing around.

Then the next morning something happened inside me. When we kissed that was a real kiss, it wasn't like we were practicing. It was really beautiful and I was seeing little stars. It felt like I hadn't had love or someone who accepted me truly for who I was, for such a long time. There was a lot of validation for me with Lisa. After about the first five times of having sex I said to Lisa, when your dick is inside me it feels like I've got a dick and you've got a vagina. That's how I feel actually, it's really bizarre. For the first time in my life it feels right. It felt like I had this dick that was Lisa's and she felt the same way. We are a really bent heterosexual couple.

I was about to have my lower half surgery and Lisa was looking into having hers before we met. We just said to each other one day we're not going to have it done. Why should we go and mutilate our genitals when they're in perfectly good order and they work really well together. I'm so happy.

For the first time in my life I've accepted my vagina and I love it. I see my clitoris as a little penis. I feel like I'm a hermaphrodite. I wouldn't mind a pair of balls though. I've come to accept that it's ok to be a man with a vagina, and to love it and to take care of it. When I was premenstrual last week I got quite hormonal. I feel why should I have a hysterectomy I just have to learn to love that side of myself.

SEAN

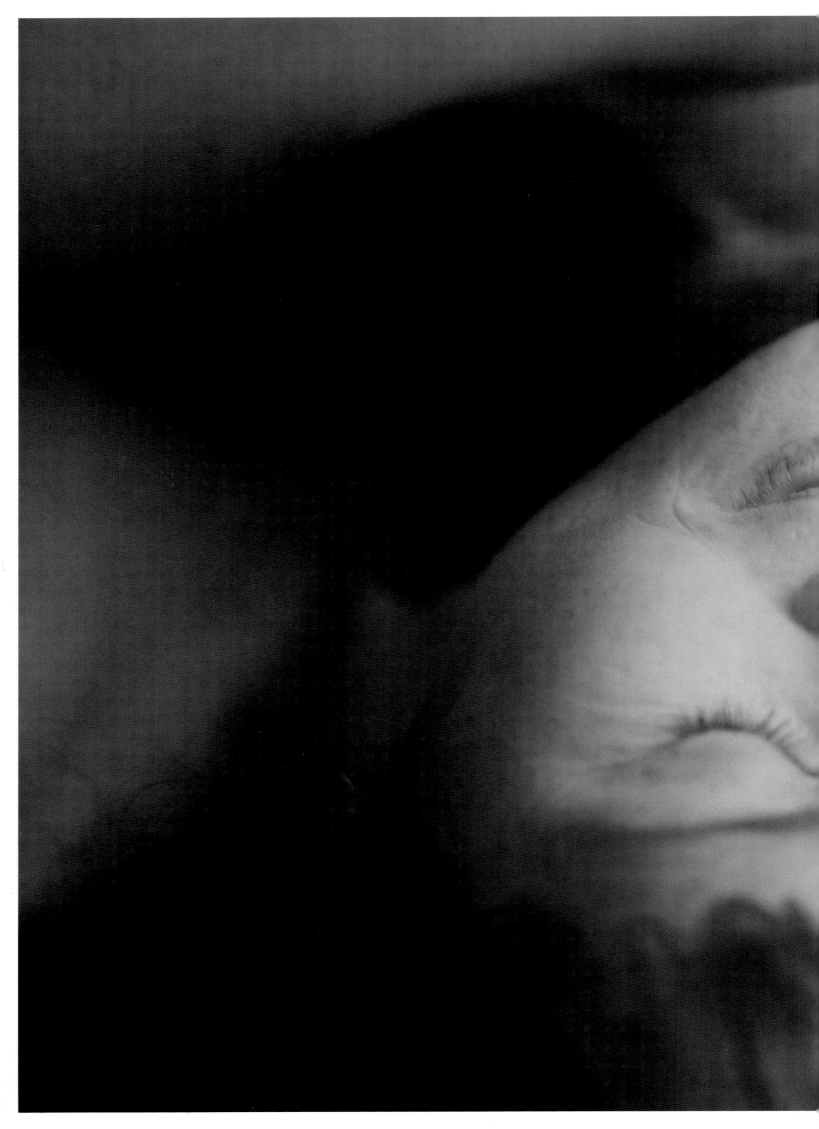

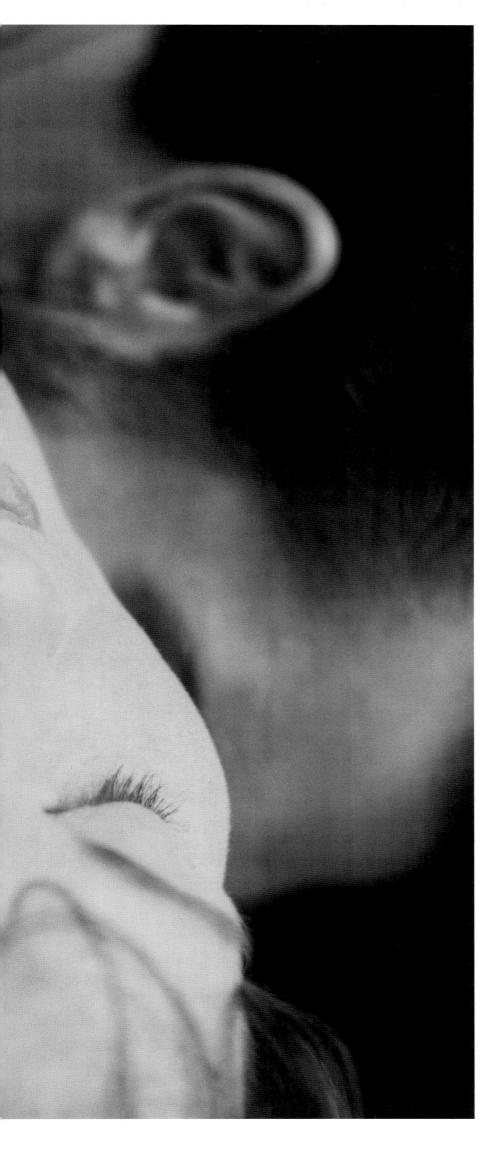

As a kid I used to stick pegs in my pants. When I was about four or five there were these girls around the clothes line at my house and I'd stick a peg out of my fly and pretend to pee. I said to the girls "Look I told you I had a willy". My mother said that it used to drive her nuts. She said "You were always wacking something out of your pants, if it wasn't the hose full blast wetting the girls, it was something else coming out of your pants". She said, "I had to ignore you because I didn't know what to do. I prayed that you wouldn't do it in front of your father".

It was really hard for my parents, there was no education for them at that time. They did the best they could. They didn't push any girl stuff onto me, I would just go hysterical if they did. They did try to make it easier for me.

SEAN

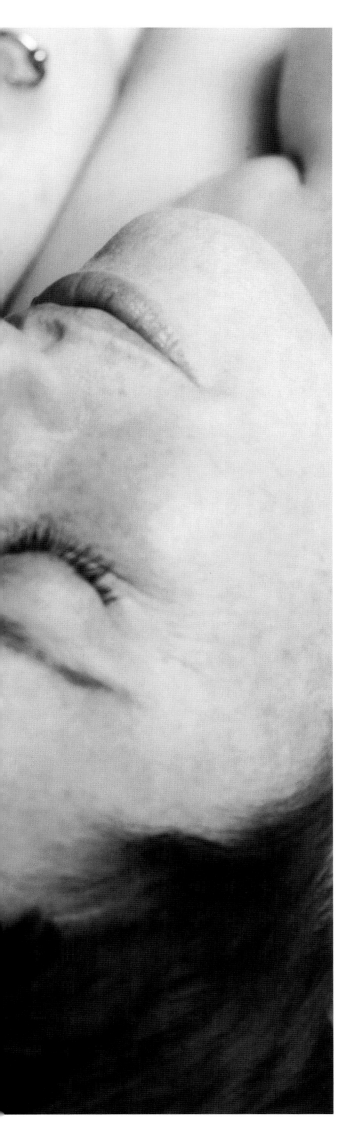

I always assumed that everyone could see my transsexuality, and that's part of my own paranoia. When I met Cindy and we got home to bed, she assumed I had a vagina, but I had a penis. That's never mattered to her.

We've been waiting for the operation to happen and it's finally come. We're totally excited about it. It's going to enrich things as far as I can see. We're both in love with each other for who we are not what we've got between our legs and that's become very apparent. She still sees me as a woman. That brings up a whole lot of issues about what makes a man and what makes a woman.

JANA

JANA AND CINDY/1999

A long time has passed since the gender reassignment surgery, and since then the internal struggle for identifying my sense of self seems to have dissipated leaving me with a feeling of peace.

When I made the decision to be true to myself I believed it would be an emotionally and never-ending journey with no resolution but now I know that not to be the case. The vaginoplasty brought to a conclusion my travels, and I find myself in a place where I don't have to define my gender. For me, the jigsaw has fitted into place, I just am!

JANA

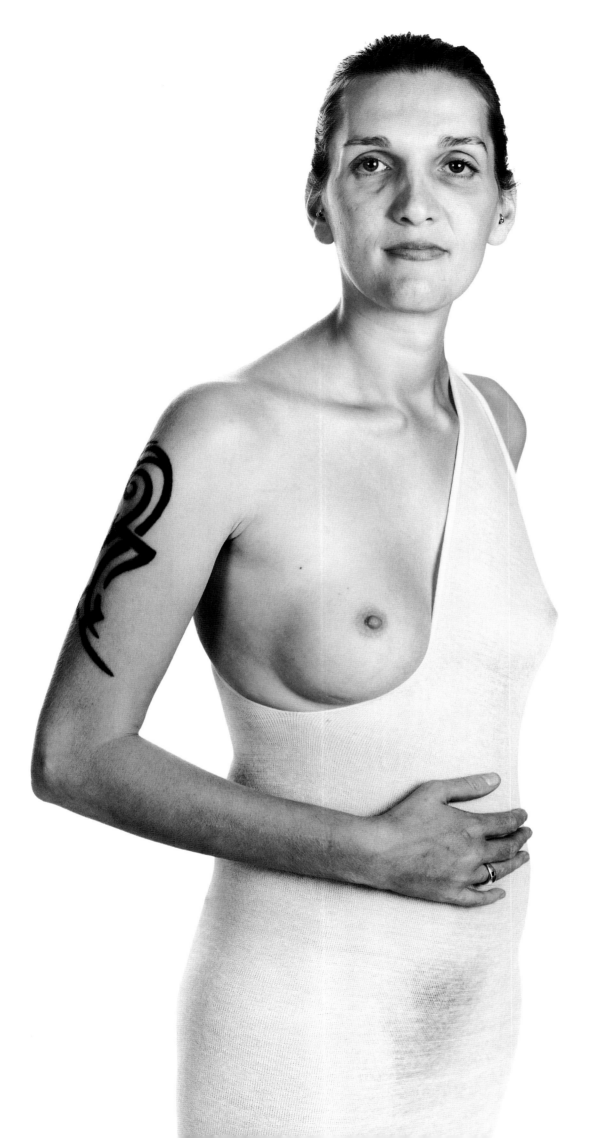

JANA/2003

My name is norrie mAy-welby. That means I may well be male I may well be female I may well be both. To a degree I'm all those things.

In 1989 I had the sex change surgery, genital realignment, vaginoplasty. I haven't had any other surgery. I didn't want breast implants, I'm quite happy with my breasts being flesh and blood. It's been hard as a trannie for me to feel my body is attractive because it doesn't fit any of the stereotypes. I won't see it in a picture, I won't see an actor with the same body. It doesn't have a fixed gender.

People like me aren't anything new. There were certainly eunuchs since the dawn of civilization, usually running things. The Chinese Empire would only let you join the public service if you were a eunuch. I think the theory was that if your gonads were gone you wouldn't be thinking about sex.

I worked on letting go of the thought police in my head. Not holding yourself back with your idea of yourself. Most people get locked into their idea of themselves and they think they have to protect it at all costs. Whether that idea is I'm a real man or I'm a straight woman, that idea can limit you. When you let go of that, you can be who you are instead of being trapped in the idea of who you are.

Humanity will evolve to make more efficient use of itself and more effective use of its resources. It's all about encouraging everything to grow to its fullest.

NORRIE

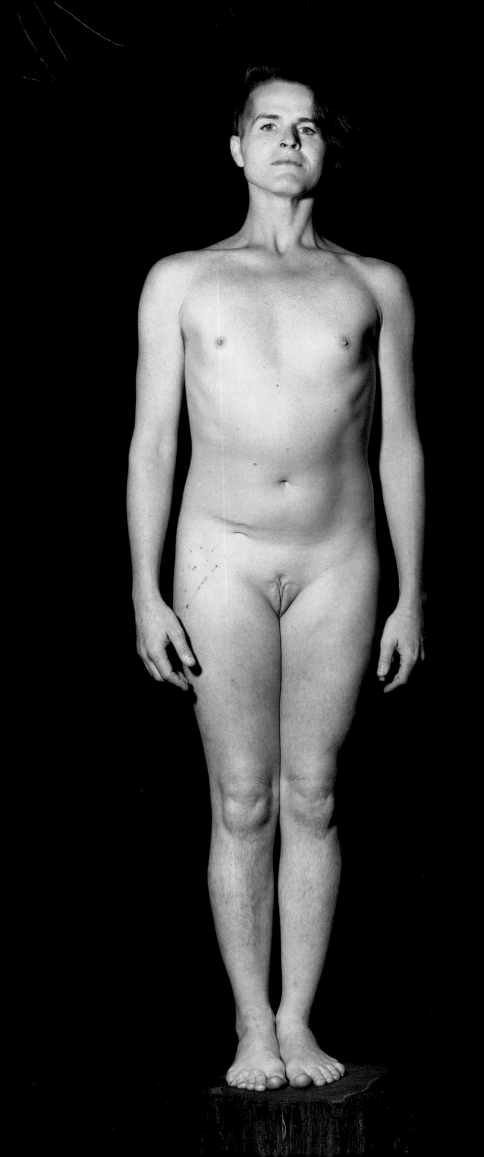

My name is Rusty. I come from a town in Western Australia down near the Margret River. That's where my father's people came from.

The first time I would have discovered my gender was when I was about five years old. I went to town with my Grandmothers witch's britches on and tennis balls stuck down her bra. I vaguely remember my poor old Nan screaming "Get back here with my bloomers on."

When I was growing up, it was the isolation that was the hardest thing. The fact that you can live within your own family unit or in your own home town and you're still isolated. To think about having breasts was like a pie in the sky fantasy. Moving to Sydney meant there were avenues for me. It was in Sydney that I made the transition.

To see other black transgender girls in Sydney I thought I'd died and gone to heaven. I started on the hormones in my early thirties but I haven't had lower surgery for financial reasons.

Once you've found your own being, your own soul, once you've got yourself back and you're happy and contented with who you are, then your body itself will fall into place. Then you'll look at life differently.

I know who I am, I'm comfortable with who I am.

RUSTY

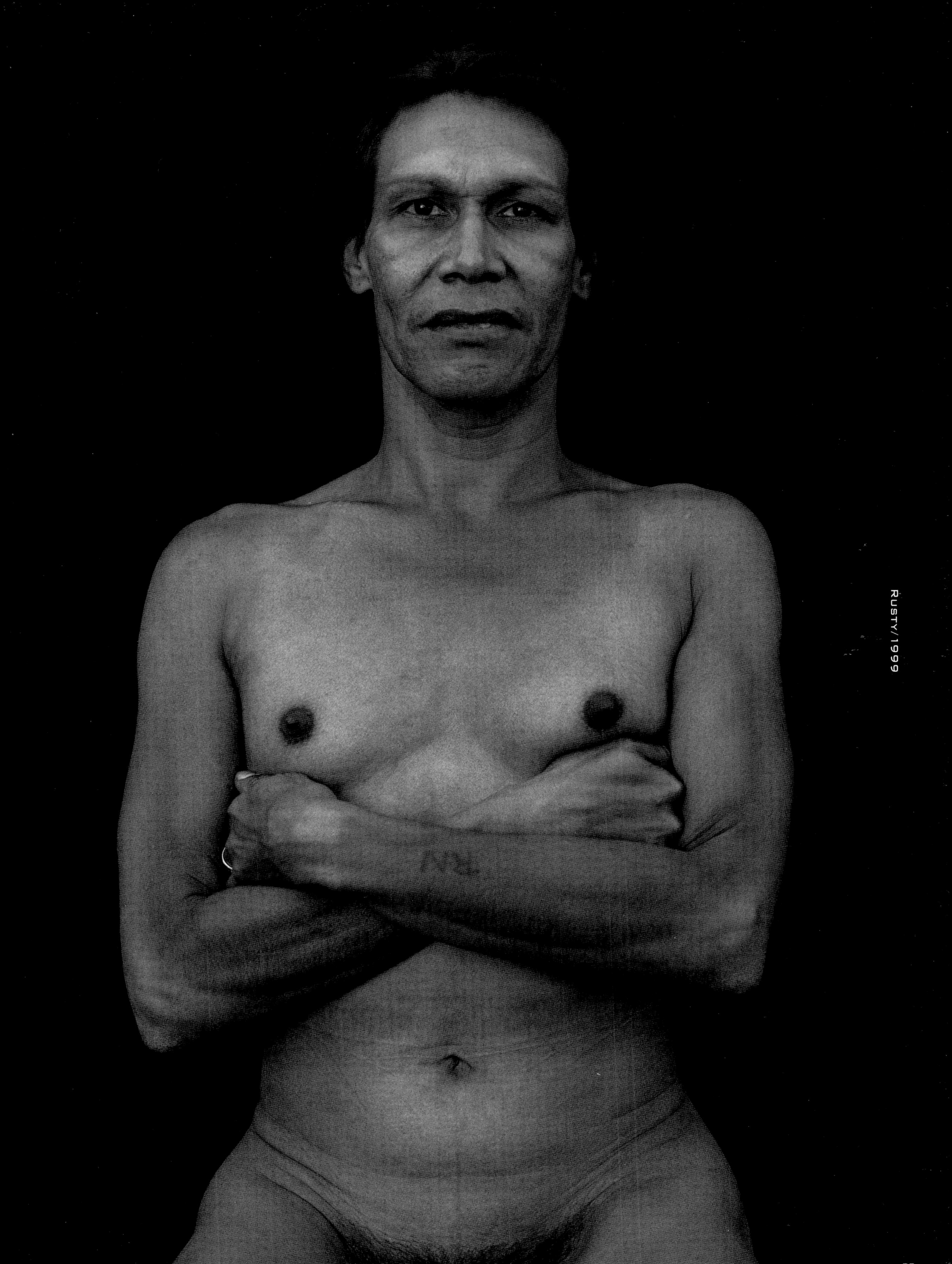

RUSTY/1999

I've been elected the National Representative of the transgender/ sister girls for mainland Australia. We've got this conference coming up which is the first in Australia for indigenous transgender people. With indigenous societies transgenderism was just part and parcel of life. It's only since religion has come into play that indigenous communities look to the bible to judge you.

RUSTY

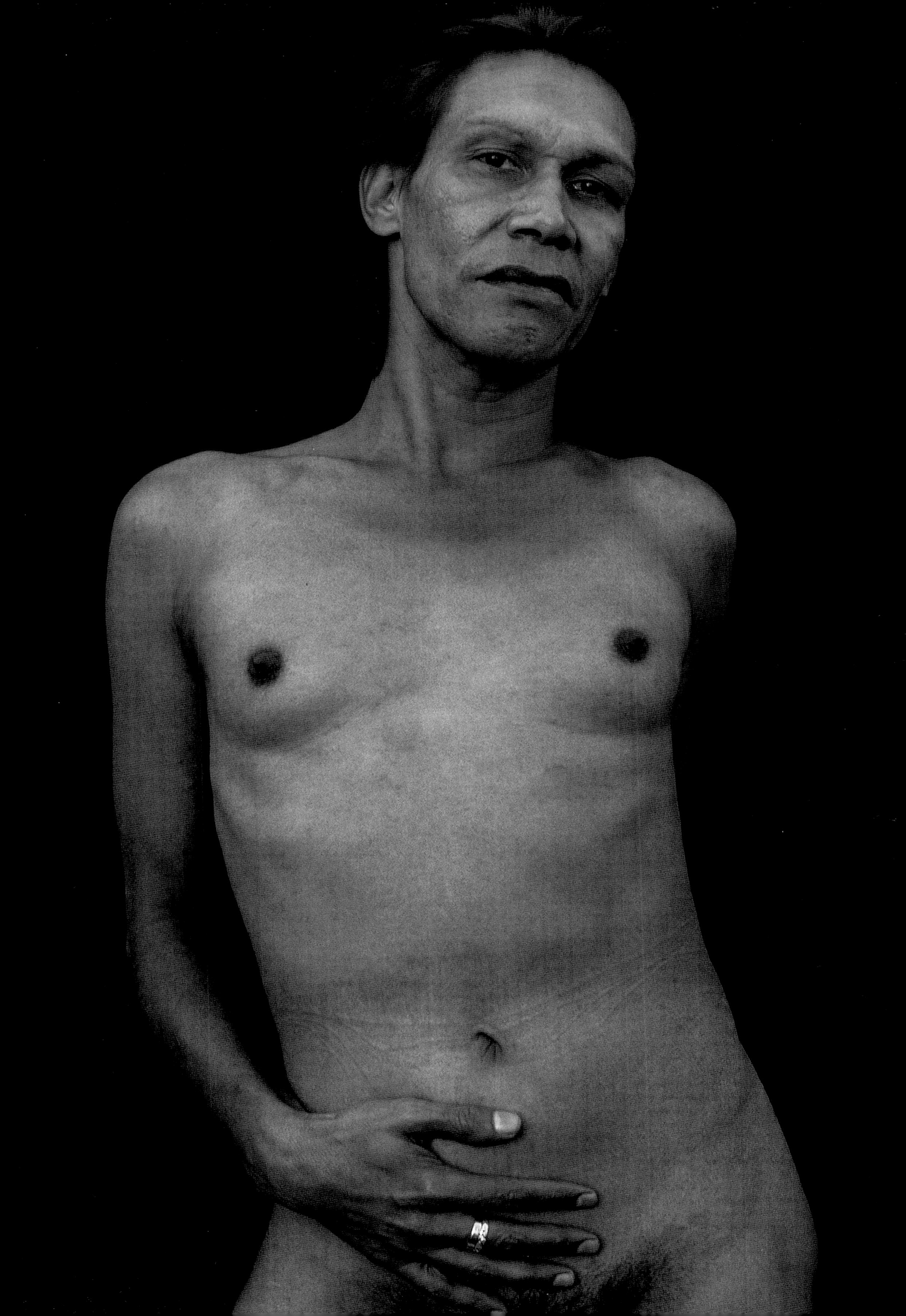

RUSTY#2/1999

I am Samoan first, fa'afafine second and then fabulous. Fa'afafine is a Samoan who is physically male with the spirit of a woman. Being fa'afafine is having the wonderful gift of experiencing the world with eyes and the spirit of being like a woman-a Samoan woman, a very powerful woman of the Pacific.

My parents have this photo of me at about four years old and I'm doing all these effeminate gesticulations. So it's very obvious from that early age. I believe that I was born a fa'afafine and my aiga, or family in the Samoan cultural context, nurtured me to be loved and to give love (alofa) and to be confident of who I am today. I will always be a fa'afafine because that's what I am.

It was when I came to New Zealand at the age of nine in 1959 that I soon learned that what I consider to be the norm in Samoa was not so in my new homeland. I could never work out then and now why it was considered something bad when I wasn't bad. I was strapped at primary school for giggling and playing with the girls. I remembered having to write on the backboard a hundred times "I MUST ACT LIKE A BOY". Needless to say it didn't work.

Despite that experience I have always thought that being fa'afafine made me better than the ordinary. I know it may sound terribly arrogant but I thought the world was a much better place because I was in it! I believe as fa'afafine, we are colourful not only in our clothes but especially in the way we think.

It's like looking at something in front of you and then you think around it. I know that woman tend to think like that-abstract-whereas men tend to be more concrete in their thinking. It's one of the reasons why I love working with women.

KARL

Fa'afafine have existed in the Pacific for hundreds of years. Throughout the Pacific we have this persona but called by different names. In the kingdom of Tonga we are called fakafafine but more latterly fakaleiti a transliteration of "being a lady". In the Cook Islands we are known as akavaine. Mahu is the name in Tahiti and Hawaii.

The Pacific region has been colonised since the eighteenth century by missionaries and since the mid 1980's by fundamentalist Christians. They brought a belief systems replicating that of their country of origin. In relation to sexuality it was heterosexuality cocooned in the sanctity of Christian marriage. They redefined sexuality, amongst other things, to suit them. Fa'afafine was deemed to be 'normalised' to being males.

This meant that in many of the villages, fa'afafine were told to act more like men, cut their hair, take wives and have children. The missionaries and their churches were clever in changing Samoan culture. They saw the structures that existed in Samoa like the aiga (family) the Matai or Chiefly system and aligned themselves to these structures. These introduced ideas and behaviours gradually become the norm. This is why it is incredibly hard to differentiate what is true Samoan or "fa'a Samoa" and what is introduced.

When I became a Matai (Samoan Chief) in the mid 1990's this meant that I was bestowed the Fuimaono title by my aiga (extended family) in recognition of my service to my aiga. It is the highest form of recognition for any Samoan. The saofai (Chiefly ceremony) was attended by hundreds of relatives and friends from Australia, New Zealand, American Samoa and Hawaii. Also attending were some very special fa'afafine friends who came to support me that day. They too had been bestowed Matai titles by their aiga. And like them, I was now in the arena with the decision makers of Samoa. I believe as a Samoan and fa'afafine, I am a guardian of a special spirituality that ties me to land, titles and the people who are living as well as those who have gone on. My vision for the future is for fa'afafine and people to have the ability, the confidence and the alofa (love) to celebrate who they are as people. It is okay to be different but above all it's okay to be YOU.
Soifua.

KARL

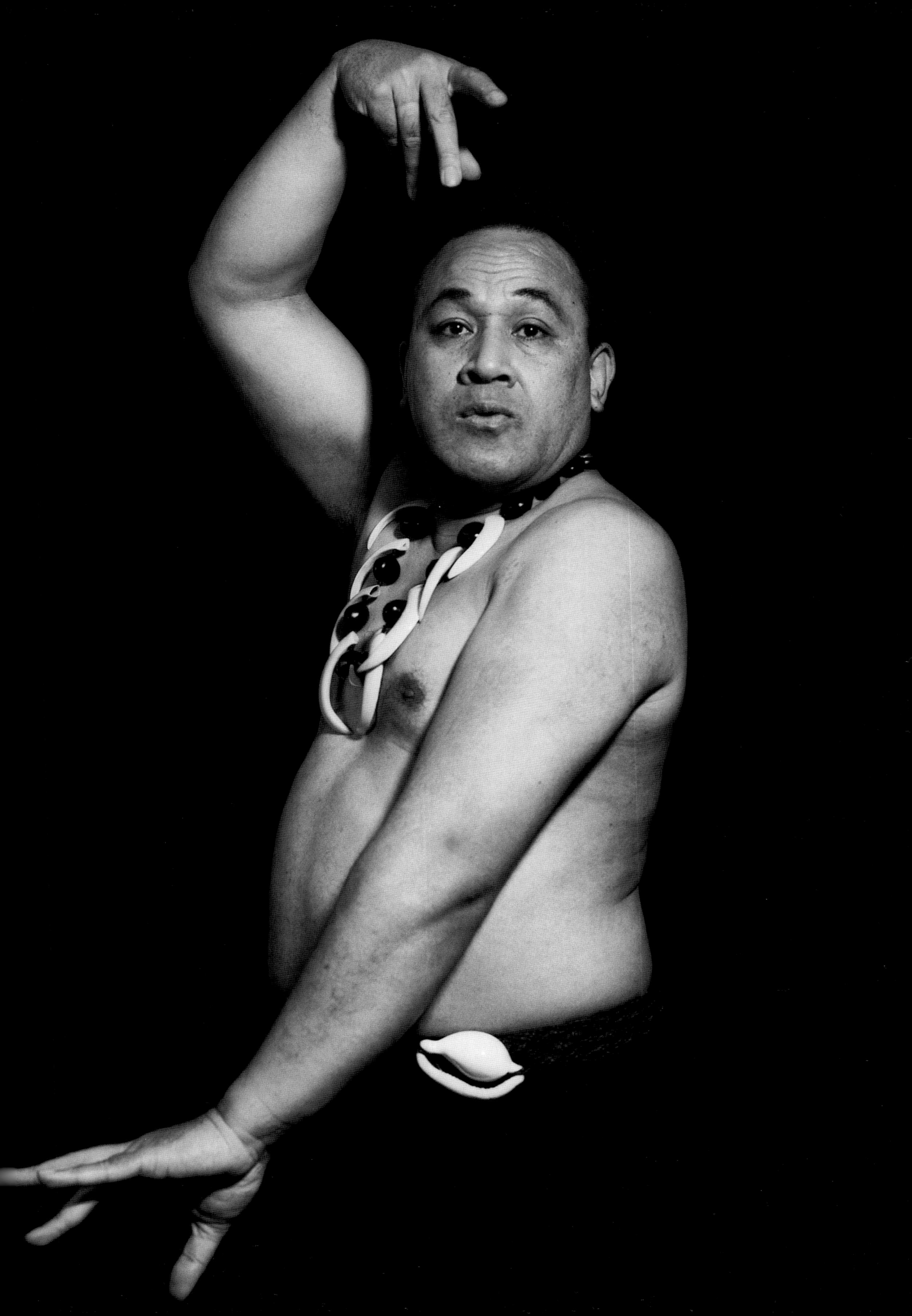

KARL #2/1999

MANI BRUCE MITCHEL

THIS IS THE ISSUE THAT WE NEED TO DEAL WITH IN
THIS CENTURY. WHAT ARE WE GOING TO DO WITH
DIFFERENCE ON THIS PLANET? IT'S NOT JUST
GENDER DIFFERENCES, IT'S ALL DIFFERENCES. HOW
ARE WE GOING TO CREATE A SPACE WHERE PEOPLE
CAN ACTUALLY BE DIFFERENT WITH ALL THOSE
UNIQUENESSES AND IT'S O.K?

SELECTED EXHIBITIONS

SOLO EXHIBITIONS

Feb. 2001   "Married Life"
              Arch Hill Gallery, Auckland, New Zealand
Feb. 1999   "Assume Nothing"
              George Fraser Gallery, Auckland, New Zealand
Feb. 1997   "Exposure"
              Sinners, Auckland, New Zealand
Aug. 1996   "The Big C"
              Exhibition and book launch
              Lopdell House Gallery, Auckland, New Zealand
Feb. 1995   "The Big C"
              Watershed Media Centre
              Bristol, England
Aug. 1990   New Moon Gallery, Wellington, New Zealand
              (Sponsored by QEII Arts Council)

GROUP EXHIBITIONS

June 2002   "Godrag"
               Kunsthaus Tacheles, Berlin, Germany
Oct. 2000   "The Supreme Photography Show"
               Judith Anderson Gallery, Auckland, New Zealand
Feb. 2000   "Mobile"
               Australian Center for Photography
               Sydney, Australia
1997- 1999   "Cancer the journey"
               Exhibition and book launch
               National Gallery of Melbourne
               Toured Nationally throughout Australia
Aug. 1998   "Blender"
               Artstation, Auckland, New Zealand
Nov. 1994   "Our Bodies, Ourselves"
               Out of the Blue Gallery
               Edinburgh, Scotland
Sept. 1994   "Our Bodies, Ourselves"
               Nottingham Castle Museum and Art Gallery
               Nottingham, England

Limited edition prints from Assume Nothing, available from www.rebeccaswan.com

ALLE TEXTE INS DEUTSCHE ÜBERSETZT VON:
STEFANIE VISEL

6-7 Wie die Motte vom Licht fühle ich mich von Menschen angezogen, deren Geschlecht unbestimmt, fließend und herausfordernd ist.
Dies begründet sich aus etwas sehr Tiefem in mir.
Ich habe einen Zwillingsbruder, dessen Kraft sich neun Monate lang mit meiner vermischte. Wenn ich Menschen sehe, die beides, maskuline und feminine Kraft verkörpern, wird dieser Urzustand in mir wieder hervorgerufen.
Das brachte mich dazu, vollkommen Fremde zu fragen, ob ich sie fotografieren könne. Erstaunlicherweise waren die meisten einverstanden und so entstand „Assume nothing".
Das Interesse, das mich zu diesem Projekt gebracht hat, gilt nach wie vor.
Es ist für mich die Magie der Fotografie. Ich bin gezwungen Fotos zu machen, ohne ganz zu verstehen warum. Wenn mein Gehirn etwas aufnimmt, ist es schließlich das Bild, das aufdeckt, was mein Unterbewusstsein schon wusste.
Das ist mein persönlicher Prozess, aber dieses Buch handelt natürlich von diesen fünfundzwanzig bemerkenswerten Individuen, die mich von 1995 bis 2003 kontinuierlich daran erinnerten, nichts vorauszusetzen. Ich war überwältigt von der Großzügigkeit, mit der sie bereit waren, ihre Leidenschaften, Kämpfe und Visionen mit mir zu teilen. Sie alle führen ein mutiges Leben, das oft Vorurteilen und Ignoranz gegenübersteht.
Dieses Projekt brachte mich von Auckland nach Sydney, New York, San Francisco, Frankfurt und London. Manchmal, um Kontakt zu bestimmten Menschen herzustellen, manchmal um Gemeinschaften zu entdecken, in denen das alternative Geschlecht offener gelebt wird.
Auf den folgenden Seiten wird Gender auf viele verschiedene Weisen verkörpert, ausgedrückt, überschritten, transformiert und aufgeführt. Jeder und jede enthüllt seine und ihre ganz eigenen Geschlechternuancen und dies ist nur die Spitze eines herausbrechenden Eisbergs.
Ich hoffe, dass „Assume nothing" die Urteile in Frage stellt, die so oft aus Angst vor der Differenz entstehen und uns alle dazu ermutigt, unseren Herzen treu zu bleiben. Rebecca Swan

23 Wenn ich mich gut fühle, denke ich, es ist ein Glück, ein Geschlecht zu haben, das so unbestimmt und in ständiger Bewegung ist. Manchmal fühle ich mich sehr gut damit, denn nur wenige Menschen erfahren, was es heißt, ein vielschichtiges Geschlecht zu haben, in dem alles möglich ist. James

24-27 Gender Flex Von Judith „Jack" Halberstam
Setze nichts voraus! Rebecca Swans Buch warnt seine Leser. Und die Bilder enthüllen sofort die Gefahren, die entstehen, wenn man unwilligen Körpern einfache Begrifflichkeiten auferlegt. Auf manchen der Fotografien schuf Swans Technik neue Anordnungen von Körpern und Identitäten, aber auf vielen anderen hat das fotografierte Subjekt selbst der Kamera einen mehrdeutigen Körper präsentiert und hat es wiederum gewagt, der Kamera Befehle zu erteilen. Swans Kamera macht dies nie und die Körper, die hier in einem Archiv überwiegend queeren Lebens versammelt sind, werden für ihre großartige und mutige Weigerung sich festzulegen gefeiert und bejubelt.
Gender-Theoretiker diskutieren nun schon seit über einem Jahrzehnt die Bedeutung flexibler Formen der Körperlichkeit. Seit Judith Butler das „Unbehagen" der Geschlechter und der gesellschaftlich regulierten Identifikationssysteme analysierte, wurde der mehrdeutig geschlechtliche Körper von Künstlern, Aktivisten und Theoretikern als Beweis für Subversion, Transgression und Widerstand benutzt. Aber natürlich war der Widerstand für Butler nie einfach und ihr Verständnis von Drag, Camp, Transsexualität und Butch-Femme wird seither immer wieder missverstanden. Tatsächlich entlarvte für Butler Drag die Geschlechterpolitik, aber konnte Geschlechternormen nicht rückgängig machen oder auflösen; Drag wie auch Butch-Femme erinnerten uns daran, dass die so genannten natürlichen Geschlechter hochgradig performative und vorgeschriebene Repertoires waren. Aber Butlers Werk, wie auch andere poststrukturalistische feministische Theorien, garantieren nicht, dass wir uns von Geschlechternormen durch Begreifen ihrer Funktion lösen.
Künstler und Aktivisten sind viel überzeugter von der Bedeutung und dem Potential geschlechtlicher Flexibilität als Akademiker, und im Allgemeinen haben wir in der Kunst und im Film ein buntes Fest neuer Formen der Geschlechterdurchlässigkeit gesehen. In den personalisierten Titeln zum Beispiel, die Swans Bilder begleiten, drücken die verschiedenen Menschen, einer nach dem anderen, ein Gefühl ihrer Erfahrung mit dem Geschlecht als ein Uneindeutiges aus.
James sagt: „Wenn ich mich gut fühle, denke ich, dass es Glück ist, ein Geschlecht zu haben, das so unbestimmt und in ständiger Bewegung ist."
Ein anderer sagt: „Jetzt bin ich an dem Punkt angelangt, wo ich mich selber nicht mehr als ein Geschlecht betrachte. Ich glaube nicht, dass es zwei Geschlechter gibt. Die Menschen beschränken Charakteristika auf entweder männliche oder weibliche Merkmale, was ich für falsch halte." Während Swans Bilder in herrlichen Details die Vielfalt körperlicher Verwandlungen einfangen, die speziell die Queers kultivieren, deuten diese Bilder zugleich mehr als geschlechtliche Ungewissheit an.
Wie jeder mit transidentischen Neigungen wissen wird, macht der Körper nicht immer das, was wir von ihm wollen. Transgeschlechtliche Identitätsfindung handelt sowohl von den Einschränkungen bei der Identifikation als auch von der Möglichkeit, sich von diesen Einschränkungen zu befreien. Die meisten Fotografien Swans fangen diese push-pull-Dynamik zwischen Geschlechterbefreiung und Geschlechterbeschränkung ein, und trotz der utopischen Kraft in Richtung Androgynität, die viele dieser Fotos ausdrücken, bleibt der Körper am Ende des Buchs gefangen zwischen Sehnen und Sein, Wollen und Haben, Brauchen und Fehlen. Den Genius dieser Bilder macht aus, dass sie ein ozeanisches Gefühl der Undifferenziertheit, des Verschwimmens und Vermischens ausdrücken wollen, und doch widerstehen sie ihrem eigenen Wunsch und erinnern uns bei jedem Blättern daran, dass Unterschied und Gleichheit eine komplexe Choreographie zwischen den Genderkörpern entwerfen.
In anderen Worten: Geschlechtliche Unbestimmtheit ist eine gute Idee, aber gleichzeitig eine Falle. Viele transidentische Menschen beschreiben das

Verhältnis zu ihrem Geschlecht nicht als „durchlässig" (und können es nicht). Transsexuelle lenken ihre Aktivitäten sehr starr (nicht im negativen Sinne) in Richtung des einen oder des anderen Geschlechts, und trotzdem werden sie oft als Beweis für geschlechtliche Durchlässigkeit dargestellt. Transgender sind, in den meisten Fällen, Menschen, bei denen das ihnen zugewiesene Geschlecht nicht ihre körperlich gefühlte Genderidentität beschreibt. Sie können auch nicht einfach in das Raster der „Durchlässigkeit" gesteckt werden, auch wenn der/die Transgender dazu neigt, Aussagen darüber zu machen, wie Fehlinterpretationen seinen/ihren Körper geprägt und geformt haben. Und der zwischengeschlechtliche Körper ist sicherlich kein durchlässiger Körper: es ist oftmals ein Körper, der durch den Glauben an die Durchlässigkeit geschädigt wurde.

Eine von Swans Modellen, Mani Bruce Mitchell, beschreibt den Schaden, der dem hermaphroditischen Körper von Ärzten zugefügt wurde, die Mani zuerst dem männlichen und dann dem weiblichen Geschlecht zuteilten. Als er medizinische Unterlagen über Hermaphroditen entdeckt, fühlte sich Mani, wie so viele zwischengeschlechtliche Menschen, durch die Veränderungen, die ohne ihre Einwilligung gemacht wurden, betrogen und genötigt. Mani spricht darüber, die hermaphroditischen Gesichtshaare zu pflegen, als eine Möglichkeit, die Verbindung zu den Verkörperungsformen zu ehren und aufrechtzuerhalten, die die Ärzte Hermaphroditen absprachen. Swan stellt Manis Körper als eine Oberfläche dar, deren Identität überschrieben worden ist. Auf dem ersten Bild sind Manis Augen durch Tintengekritzel maskiert. Mani bedeckt den Hermaphroditencorso, und das Foto nimmt die zweideutige Nebeneinanderstellung starker muskulöser Arme und der Andeutung von Brüsten auf. Auf dem nächsten Bild schaut Mani in die Kamera und die Hermaphroditenaugen sind nicht mehr versteckt. Das Gekritzel, das sie auf dem letzten Bild bedeckte, hat sich in eine Aussage über das Selbst verwandelt, die sich über die dargestellten Brüste zieht: „Ich bin kein Monster" schreibt die Tinte und zwingt uns, den Körper und seine schmerzhafte Geschichte anzuschauen. Auf dem letzten Bild öffnet Mani den Hermaphroditenkörper: er/sie dehnt die Hermaphroditenarme hinter dem Hermaphroditenkopf und wir sehen die Brüste wie Muskeln, hart und nicht einmal annähernd mütterlich. „Wessen Körper ist das?" fragt der Titel diesmal, und Manis trotzige Pose fordert den Leser auf zu antworten.

Geschlechterdurchlässigkeit und -flexibilität sind ein spezifisch westliches Verständnis von befreiter Verkörperung. In einigen von Swans Bildern legen Ureinwohner – Maori aus Aotearoa/Neuseeland und andere Polynesier – nahe, dass Geschlecht in den verschiedenen Kulturen nicht gleich funktioniert. Ema zum Beispiel identifiziert sich als „Takataapui", und sie erklärt, dass nach ihrem Verständnis männlich und weiblich nicht genau zu trennen sind. Ema trägt eine Tätowierung, die, wie sie sagt, „mein Whakapapa (meine Ahnen) und meine Lebensreise symbolisiert." Die Tätowierung wurde traditionell von weiblichen Kämpfern getragen, und hier trägt Ema sie mit einem Dildo, womit sie die postmoderne Plastizität von Gender in eine dynamische Verbindung mit einer komplexen Vergangenheit von Geschlechterrollen und -funktionen bringt.

Karl beschreibt sich folgendermaßen: „Zuerst bin ich ein Samoaner, danach ein fa'afafine und dann wunderbar." Er erklärt: „Fa'afafine ist ein Samoaner, der körperlich ein Mann mit dem Geist einer Frau ist. Ein Fa'afafine zu sein, bedeutet das wundervolle Geschenk, die Welt mit den Augen und dem Geist einer Frau zu erfahren und wie eine Frau zu sein, eine samoanische Frau." Das ist eine kraftvolle Aussage von Differenz, die sich nur schwer weder mit den angloamerikanischen Konzepten von schwul, lesbisch und transgender noch mit einer simplen Annahme von Androgynität oder Geschlechtsdurchlässigkeit deckt. Fa'afafine beschreibt eine ganz besondere Geschlechterrolle, eine sehr spezielle soziale Rolle, und, wie Karl erklärt, war es eine Rolle, die in Samoa anerkannt und unterstützt, als er nach Neuseeland zog aber missverstanden und schlecht gemacht wurde.

Ein paar von Swans Subjekten erinnern uns daran, dass wir unsere Geschlechter, wenn wir Glück haben, in der Nähe von anderen Queers leben. Carmen, eine fantastische Maori Drag Queen, die jetzt in Sydney lebt, wurde von Swan in ihrer Garderobe fotografiert, umgeben von Fotos, Kostümen, Accessoires und Spiegeln. Carmen grinst breit in die Kamera, und ihr Gesicht ist eingerahmt von einem enormen Paar operativ vergrößerter Brüste unter und einer herrlich hohen Frisur über ihr. Carmen erzählt von ihrem Leben als „Drag Queen, Frauenimitator und Transsexuellem". Obwohl sie keine genitalangleichende Operation hatte und auch keine plant, ist sie zufrieden mit dem Begriff transsexuell und zufrieden, nebenher „Frauenimitator" zu sein. Carmen hatte eine ganze Reihe von widersprüchlichen Bestimmungen, wie sie in einer spannenden Biografie vorkommen könnten, und sie fügt Sexarbeiterin, Clubbesitzerin und Überlebenskünstlerin zu ihrem Resümee hinzu. Sie fasst ihr beschäftigtes Leben in einem bewegenden Satz zusammen: „Zu dieser Zeit, in den 50ern und 60ern, gab es dreizehn oder vierzehn Dragqueenprostituierte, und ich bin als Einzige noch am Leben."

Ein transsexueller Maori, Georgina Beyer, der sich in Carmens Club in den 60ern geoutet hatte, ist jetzt weithin als das erste transsexuelle Parlamentsmitglied bekannt. Beyer wurde 1999 ins Amt gewählt, nachdem sie als Bürgermeisterin einer konservativen neuseeländischen Kleinstadt gearbeitet hatte. Georginas Geschichte wurde vor kurzem als Dokumentation verfilmt, und in diesem Film, Georgie Girl, spricht Georgina offen über ihre Vergangenheit als Sexarbeiterin und über ihre Zeit in Sydneys Queer Drag Clubs. Während sie einerseits froh ist, diese Vergangenheit hinter sich gelassen zu haben (sie bemerkt: „Ich möchte nie mehr auf der Straße landen"), erkennt Georgina auch an, dass die Clubs und Bars und die Drag Queens, die in ihnen arbeiteten, Leben gerettet haben. Sie sagt: „In den Nachtclubs sah ich all die schönen Drag Queens. Ich sah das Licht und schaute nie zurück."

Swans bemerkenswerte Sammlung von Gender Queer Portraits spielt in Wort und Bild mit der einfachen Botschaft von Freiheit und Selbstverwirklichung. Aber letztlich beharren die Bilder selbst auf einer komplexeren Narration von Sein und Werden. Sicherlich haben sich, woran uns viele der Bilder Swans erinnern, Geschlechternormen in den letzten zehn Jahren radikal verändert; für transsexuelle Frauen gibt es nun viel mehr Möglichkeiten außer Prostitution und Isolation, und transsexuelle Männer werden nun endlich sowohl von Medizinern als auch von anderen Queers anerkannt. Aber noch einmal: Der rosige Optimismus einer einfachen Narration von Fortschritt und Befreiung wird der außergewöhnlich robusten Kraft der binären Geschlechterkonzepte und der stabilen Geschlechterrollen in einer männlich dominierten Welt nicht gerecht. Seit dem 11. September 2001 haben die globalen Wandel zugunsten konservativer Regierungen lebendig gezeigt, welcher Torheit der Glaube an eine fortschreitende soziale Gerechtigkeit aufsaß. Die militärische Aggression der USA gepaart mit der gefährlichen Verbindung von Staat und Kirche im Weißen Haus dienen als Kulisse für die schlimmsten Szenarien hinsichtlich sozialer Themen, die von Abtreibung bis Homoehe, von Gesundheitsvorsorge bis zu „Antirassismusprojekten" reichen. Während wir damit beschäftigt sind, nichts anzunehmen, dürfen wir nicht annehmen, dass kleine Lichtblicke der Gendervielfalt auf irgendeine Weise als Vorboten einer globalen Stabilisierung zu betrachten sind. Wenn wir dabei sind, nichts anzunehmen, dann müssen Annahmen über die positive Bedeutung von geschlechtlicher Flexibilität zurückgestellt werden, während wir die Verbindung zwischen neuen Formen „flexiblen" Kapitals und neuen flexiblen Geschlechtern einschätzen.

„Assume nothing" sollte als Motto dienen, das uns durch dieses außergewöhnliche Aufgebot an Bildern und Leben führt, aber es muss uns auch von falschen Behauptungen über Revolution, Transformation oder Befreiung abhalten.

Diese mutigen und schönen Bilder geschlechtlicher Verkörperung lassen uns sicherlich die Verbindung mit den grundlegenden Änderungen spüren, die eine neue Ära des queeren Aktivismus eingeleitet hat, aber in ihrer Zerbrechlichkeit, ihrer Verletzlichkeit, in ihrem Zustand puren und unverfälschtem Nichtwissens zeigen uns Swans Bilder außerdem genau, wie weit wir noch gehen müssen.

36 Jetzt bin ich an dem Punkt angelangt, an dem ich mich selber nicht mehr als ein Geschlecht betrachte. Ich glaube nicht, dass es zwei Geschlechter gibt. Die Menschen beschränken Charakteristika auf entweder männliche oder weibliche Merkmale, was ich für falsch halte. Ich glaube, jeder trägt Wesenszüge aus den verschiedensten Beschreibungen in sich. Ich wünschte uns an einen Punkt, an dem es irrelevant wäre, welches Geschlecht wir hätten. Oder wo es etwas völlig anderes gäbe, ein „gender blaurr", irgendein Wort.

Vor einigen Jahren experimentierte ich mit Testosteron, was ich für mein Bodybuilding benutzte. Meine Muskeln wurden größer, aber ich bekam ein paar Gesichtshaare, meine Brüste schrumpften, meine Stimme wurde tiefer und mein sexuelles Begehren war verrückt. Mein Kopf platzte fast; ich war sehr verwirrt, wusste nicht wer oder was ich war. Ich war noch nicht einmal dazu in der Lage, mich mit meinem Namen zu identifizieren. Ich erinnere mich daran, wie ich meinen Namen schrieb und dachte, dass ich nicht mehr dieses Mädchen bin. Ich begann richtig animalisch zu werden. Ich erinnere mich, dass ich Mädchen ganz anders anschaute, ich empfand sie als Beute und mich als eine Art Wolf. Es war unheimlich. Als ich merkte, dass ich mich mit dieser Jagdgeschichte identifizierte, war ich erschüttert und hörte damit auf. Ich wollte mich körperlich auf niemanden einlassen, denn ich wusste wirklich nicht, wie ich mich verhalten würde. Ich wusste, dass ich sehr anfällig war und von einer Seite zur anderen sprang. Es dauerte lange, bis ich da wieder herauskam, auch nachdem ich die Droge abgesetzt hatte. Das Jahresende verbrachte ich damit, tief in mich hineinzufühlen, um herauszufinden, was all das war und für mich bedeutete. Ein Teil davon ließ mich meine weibliche Seite liebevoll umsorgen. Das ist mir sehr wertvoll. Meine innere Stimme, die mich schützt, mit der ich rede, ist das kleine Mädchen, das ich mit sieben und acht war. Verlöre ich meine Weiblichkeit, glaube ich, so verlöre ich auch die Verbindung zu ihm.

Manche Menschen sind der Auffassung, dass ich kein Recht habe, so auszusehen, wie ich aussehe, und mich dabei eine Frau zu nennen. Sie wollen nicht wahrhaben, für was ich stehe. Sie versuchen, es zu verharmlosen oder erzählen mir sogar, dass ich nicht das Geschlecht bin, das ich bin. Soweit gehen manche Menschen, um es für sich passend und richtig zu machen.

39 Meine Idealwelt ist die, in der ich lerne, mich selbst zu lieben, so dass die Meinung anderer Menschen mich nicht mehr berührt. Die Menschen werden immer irgendwelches Zeug reden. Ich kann Ignoranten nicht daran hindern, ignorant zu sein. Melisa

42 Ich sehe mich als Takataapui, ein Wort, das alle Ausdrücke von Gender und Sexualität der queeren Szene umfasst. Im Wechsel drücke ich beides, meine männlichen und weiblichen Aspekte aus, und beide sind nicht wirklich getrennt voneinander. Sie sind ein integrierter Ausdruck dessen, was ich bin. Als mein Ta Moko tätowiert wurde, war das Teil eines tiefen spirituellen Erwachens. Es ist ein Muster, das ich mit neun zu zeichnen begann. Es symbolisiert meine Whakapapa (meine Ahnen) und meine Lebensreise. Als Kind begriff ich, dass ich eines Tages ein Ta Moko dieser Art tragen würde. Ich war von den Puhoro (Oberschenkel- und Pobackentätowierungen) fasziniert, die ich in Büchern über Maoritätowierungen sah. Obwohl das Buch nicht erwähnte, dass diese Art Ta Moko von Frauen getragen wurde, wusste ich, dass ich eines Tages eine tragen würde. Kuia (ältere Frauen) brachten mir bei, dass Frauen Puhoro trugen und dass diese Frauen Kriegerinnen waren – Wahine Toa. Diese Frauen kämpften, schnitzten ihre eigenen Waffen und nahmen Rollen an, die als männlich betrachtet wurden.

Der ganze Prozess meines Ta Moko war wie das Enthüllen von etwas, das längst da war. So fühle ich mich, wenn ich einen Schwanz trage. Ich fühle, wie aus meiner Klitoris ein Schwanz wächst, ein kraftvolles Zeichen eines Teils von mir. Ema

44 Ich hatte während meiner Teenagerzeit und einem Teil meiner Zwanziger einen immer wiederkehrenden Traum. Die Hauptelemente des Traums waren, dass ich meine Seele dem Teufel verkaufte und er mich in einen Jungen verwandelte. In meinem Traum verwandelte mich der Teufel in ein kleines Baby und dann wuchs ich rasend schnell, innerhalb von Stunden, zu einem großen erwachsenen Mann heran. In einem anderen Traum musste ich mein Gesicht reiben und als ich es rieb, kamen Haare durch. So verwandelte sich mein physischer Körper in eine männliche Version. Das war ein sehr lebendiges Gefühl. Ich bin immer aufgewacht und war furchtbar enttäuscht.

Manchmal täuschte ich vor, ein Junge zu sein. Ich weiß noch, dass die Menschen immer, wenn sie mich sahen, zuerst dachten, ich sei ein Junge, deshalb war das wirklich einfach. Ich stellte mich einfach mit einem Männernamen vor. Tom oder Harry oder Jack waren meine Favoriten, denn die hörten sich alle so richtig männlich an. Ich musste nur ihrer Wahrnehmung von mir entsprechen und schon würden sie mich als Jungen akzeptieren. Was mich davon abbrachte, waren die bevorstehenden Schikanen. Andere Jungs würden es versuchen und wären mir körperlich überlegen. Das passierte ein paar Mal, und ich war feige und sagte: „Hört auf, ich bin ein Mädchen."

Ich fühle mich nicht wie ein Mann, aber ich fühle mich auch nicht wie eine Frau. Es ist jetzt möglich, Hormone einzunehmen, ohne eine totale Geschlechtsumwandlung zu machen. Würde ich das machen, glaube ich, dass mein Äußeres mein Inneres besser spiegeln würde. Frankie

46 Seit ich drei oder vier bin, bin ich ein Transvestit. Ich wollte immer Krawatten und Hemden tragen. Meine Mutter ließ mich in kurzen Hosen, mit einer Fliege, einem weißen Hemd und Krawatte zum Schmetterlingsfest nach Hastings gehen, und mein Haar war sehr kurz. Ich war ungefähr vier oder fünf. Alle Leute sagten: Ist das ihr Sohn? Meine Mutter sagte: Nein, meine Tochter. Die Leute waren sehr erstaunt. Ich fand, ich sah wirklich ordentlich aus, aber die Freunde meiner Mutter reagierten so negativ. Meine Mutter ist wirklich eine sehr ungewöhnliche Frau. Sie ist nicht froh darüber, dass ich homosexuell bin. Vermutlich macht sie sich Vorwürfe, dass sie mich mit Krawatte zum Schmetterlingsfest ließ. Frankie

49 Als ich Kleider trug um anderen Leuten zu gefallen, erhielt ich viele Rückmeldungen: „Oh, du siehst bezaubernd aus."
Wahrscheinlich sah ich wie ein süßes Mädchen aus, aber das fühlte sich nicht gut an. Während ich, wenn ich jetzt ein Kleid anziehe und nicht süß darin aussehe, sehr seltsam wirke. Ich habe diese großen Tätowierungen an meinen Armen und Beinen, aber ich ziehe ein sexy Kleid an. Jetzt kann ich damit spielen. Wenn ich ein Kleid trage, fühle ich mich mehr wie eine Drag Queen als eine Frau. Es ist ein Kostüm. Frankie

54 Ich bin 1953 geboren. Die junge Krankenschwester, die mich als erste sah, sagte: „Oh Gott, es ist ein Hermaphrodit." Ich kenne diesen Teil der Geschichte so gut, weil es das einzige Mal war, dass meine Mutter mit mir darüber sprach. Zu der Zeit war ich zweiundzwanzig und versuchte herauszufinden, wer ich war. Sie erzählte mir die Geschichte, und als sie zu diesem Teil kam, fing sie zu weinen an. Meine Mutter war eine typische Frau ihrer Generation, sie zeigte keine Gefühle und rannte also aus dem Zimmer. Das war das erste Mal in meinem Leben, dass das Wort Hermaphrodit fiel, und meine Mutter rennt aus dem Zimmer! Zehn Minuten später kam sie zurück und sagte: „Oh, es regnet, ich gehe besser und hole die Wäsche rein." Wie gehst du mit diesem Wissen um? Hermaphrodit, ich wusste nicht einmal was das bedeutete.

Meine genitale Zweideutigkeit wurde in diesen ersten paar Minuten erkannt. Ich wurde zunächst als männlich mit einem zu kleinen Penis eingeordnet. So verließen meine Eltern das Krankenhaus mit ihrem kleinen männlichen Kind. Kurz vor meinem ersten Geburtstag machte man bei mir eine Laparotomie. Das bedeutet, dass sie in dich hineinschauen, um zu sehen, was da ist. Sie entdeckten, dass ich eine Gebärmutter hatte. Die Geschlechtsbestimmung wurde an dieser Stelle von männlich zu weiblich, mit einer zu großen Klitoris, geändert. Meine Eltern lebten damals in diesem rückständigen ländlichen Tal. Die ganze Gemeinde versammelte sich, und sie entschlossen sich, dass es das Beste sei, so zu tun, als ob nichts passiert sei, zu tun als ob ich schon immer ein Mädchen gewesen sei. Viele Leute wussten es, aber keiner konnte darüber reden. Die einzige Person, die nichts wusste, war ich.

Als ich acht war, unternahm ich mit meinen Eltern heimlich eine Reise in das Krankenhaus nach Auckland, wo eine Genitaloperation vollzogen wurde. Meine „falschen Genitalien" wurden verändert, um das zu haben, was als eine „normale" weibliche Erscheinung galt; es war ein furchtbares, einsames, schmerzhaftes und zutiefst traumatisches Erlebnis. Niemand erklärte mir, was passiert war oder warum. Die meiste Zeit meines Lebens konnte ich dieses Erlebnis nicht einordnen. Dann starb meine Mutter vor dreizehn Jahren, und ich blieb mit den Dokumenten, inklusive all unserer Kindheitsaufzeichnungen, zurück. Während ich sie Monate später durchschaute, entdeckte ich, dass manche Stellen aus den Seiten herausgeschnitten waren. Das machte mich darauf aufmerksam, dass etwas ungewöhnlich war und ich überprüfte den Rest sehr genau. Ich fand zwei Einträge. Auf einem stand: „Schön Pipi machen, Junge", das ist mit vier oder fünf Monaten, dann gab es einen anderen Eintrag, kurz vor meinem ersten Geburtstag, der hieß: „Vom Arzt untersucht, weibliches Geschlecht festgelegt." Ich rannte gegen eine Mauer. Ich wusste nicht, was ich tun sollte. Ich ging zur Ärztin, und sie versuchte, mich körperlich zu untersuchen. Sie verstärkte alles, als sie sagte: „Sie sind eine normale Frau." Für mich passten diese beiden Dinge nicht zusammen. Also begrub ich meine ganze Verwirrung und Scham wieder.

1989 passierte etwas Traumatisches, das alles „Konkrete", was an Stelle der vergrabenen Erinnerung war, aufbrechen ließ. Ich ging damit um, indem ich zum Workaholic wurde. Ich hatte einen beanspruchenden Job, der von mir Bereitschaft rund um die Uhr verlangte. Dann hatte ich in den Weihnachtsferien 1993 zum ersten Mal keinen Dienst. Ich hatte vier Wochen für mich. Ich verbrachte die meiste Zeit damit, mir vorzustellen, wie ich mich umbringen konnte. Der einzige Grund, warum ich es nicht tat, war meine alte Katze, die ich liebte. Ich wusste, wenn ich jemanden beauftragte, auf die Katze aufzupassen, würden sie sich wundern. So schaffte ich es, die Ferien zu überleben. Die Ironie dabei ist, dass, wenn ich mich umgebracht hätte, ich nicht den Grund gewusst hätte. Ich fühlte mich einfach schrecklich.

Zu dieser Zeit gab es eine Radiosendung, die „Frei zu Fliegen" hieß. Sie handelte von Erwachsenen, die einen Missbrauch in ihrer Kindheit überlebt hatten. Es schien, als ob diese Sendung immer dann kam, wenn ich das Radio anmachte. Ich glaube, ein Teil der Sendung musste zu mir durchgedrungen sein und bewirkte etwas. Ich hörte sie mit einem Freund, der mir vorschlug, Dr. Hetty Rosenburg aufzusuchen. Hetty schlug mir vor, einen Elizabeth Kübler Ross Workshop zu besuchen, und dort begannen die Dinge, sich zu wenden. Als Ergebnis dieses Prozesses fand ich heraus, was den größten Schaden in mir angerichtet hatte: Ich war nicht der, der ich wirklich bin. Ich war mir zu diesem Zeitpunkt nicht sicher, wer ich war, aber ich war dazu bestimmt, diese Person zu finden und zu sein.

Die Reise an diesen Ort war manchmal sehr außergewöhnlich und oft unglaublich schmerzvoll. Es gab Zeiten, wo es zu schwer war und unmöglich schien.

Ich fand diesen besonderen Ort, an dem ich auf diesem Planeten so in meinem Körper bin, dass es sich anfühlt, als würde ich ihn besitzen; ich verstehe ihn, ich feiere und liebe seine Uneindeutigkeit. Vielleicht würden ihn außenstehende Betrachter als teilweise männlich, teilweise weiblich beschreiben, aber das ist nicht meine Wahrheit. Ich empfinde nicht irgendeine Art von Getrenntheit. Ich erfahre diesen Körper jetzt, und in meiner Realität ist er eins. Mani, Text geschrieben 1998

56 Ich eroberte meinen Geburtsnamen, der Bruce Mitchell laute, vor drei Jahren zurück. Ich bin jetzt Mani Bruce Mitchell. Es war der darauf folgende Sommer, in dem ich tat, was ich mein Leben lang schon tat, nämlich mir die Haare in meinem Gesicht zu schneiden. Plötzlich fragte ich mich, weshalb ich das tue. Ich dachte, ich tue es, weil ich in einer Welt lebe, die vorschreibt, dass Frauen keine offensichtliche Gesichtsbehaarung haben, sie ist etwas, wofür man sich schämt und das man loshaben möchte. Dieses Gesichtshaar wachsen zu lassen, war eine wunderbare Art der Zurückeroberung. Mir gefällt es. Es ist direkt in deinem Gesicht. Ich würde es zwar nicht als Bart beschreiben, ich kann damit keine Wettbewerbe gewinnen, aber es ist eines der letzten offensichtlichen Zeichen meiner Uneindeutigkeit. Mani

58 Letztes Jahr traf ich einige Eltern von zwischengeschlechtlichen Kindern. Als sie ihre persönlichen Reaktionen auf den Moment beschrieben, in dem sie erfuhren, dass sie zwischengeschlechtliche Babys hatten, begriff ich, wie komplex das Ganze ist. Ich kann es nur als eine ursprüngliche Reaktion auf die Differenz beschreiben. Du hast da diese Kombination von nicht nur körperlicher Differenz, es stellt sich auch die Frage der zukünftigen Sexualität deines Kindes. Es gab eine Frau die, sobald sie ihr zwischengeschlechtliches Kind in den Arm nahm, sich übergeben hat. Um damit anders umzugehen, wird die Gesellschaft gefordert sein, sich zu ändern und sich damit zu konfrontieren und zu fragen, was das für Ängste sind. Ich werde weiterhin mit anderen arbeiten, damit ein Ort geschaffen wird, zu dem Menschen mit ihrer Hermaphroditenidentität hingehen und einen Weg finden können, sich damit wohl zu fühlen. Um das zu schaffen, muss man mit Menschen aus dem Gesundheits- und Sexualitätsbereich, mit Eltern und mit der Gesellschaft arbeiten. Eine Annahme, die zur Rechtfertigung der „normalisierenden" Operationen und Hormonbehandlungen diskutiert wurde, war, dass es gefährlich sei, einen zweideutigen Körper zu behalten, und dass Eltern ihr Kind als weiblich oder männlich akzeptieren müssten. Teilweise haben die Ärzte Recht. Aber das ist keine vernünftige Rechtfertigung mehr für diese Art der Behandlung. Ich finde, es ist an der Zeit, Fragen zu stellen. Was muss passieren, damit wir, die wir anders sind, auf diesem Planeten sicher, akzeptiert und respektiert sind?
Was muss passieren, um einen Ort für Entscheidungen zu schaffen?
Was als normal gilt, verändert sich. Als ich geboren wurde, wurde Heterosexualität als „normale" Sexualität akzeptiert; Homosexualität wurde als psychiatrische Krankheit diagnostiziert. Wenn wir also die Grenzlinie für sexuelle Realitäten verschieben können, dann kann das auch die Grenzlinie für Gender-Realitäten verschieben. Mani

66 Ich, Mildred Gerestant, bin auch als Drag King DrEd bekannt. Ich bin eine Frau, die sich, ihre Ichs, gern als viele verschiedene Dinge beschreibt. Dazu gehören: multi-kraftvoll, geschlechts-illusionierend, Haiti-Amerikanisch, durchlässig, Anti-Unterdrückung, selbstdarstellerisch, Vorfahren-unterstützt, Göttin und gesegnet. Ich schuf DrEd durch Mildred. Wir sind ein und derselbe. Ich bin als erste Generation haitianischer Eltern in Brooklyn, NY, geboren. Es dauerte eine Weile, bis ich meiner Mutter von meinen Dragaktivitäten erzählte, denn ich war mir nicht sicher, wie sie damit umgehen würde. In Haiti ist Drag wahrscheinlich eines der letzten Dinge, über die man sprechen würde. Meine Mutter und meine Geschwister sehen mich gerne im Fernsehen und kommen zu meinen Shows. Sie haben mich alle unterstützt, was mir viel bedeutete und wofür ich sehr dankbar bin.

In meinen Performances arbeite ich mit Theater, Tanz, Kulturgeschichte und Humor. Ich spiele mit Geschlechterrollen und sozialen/rassistischen Vorurteilen, um mein Publikum hoffentlich dazu anzuregen, über die Komplexität von Rasse, Gender und Identität nachzudenken. Dieser geschlechtlich geprägte Weg hat mir den Mut gegeben, mich selbst auf verschiedene Arten frei zu entfalten
Hoffentlich inspiriere ich andere dazu, dasselbe zu tun, ihr Leben gegenseitig zu respektieren und offen für die Schönheit unserer Unterschiede zu sein. Es ist natürlich, anders zu sein. DrEd

72 Ich glaube, Drag und die ganze Campkultur ist in Australien so groß, weil sie sehr gut aber auch seriös das Gefühl einer guten Zeit verkörpert. Die Menschen haben so viel Angst vor der Differenz, dass sie vergessen, die Gemeinsamkeit zu sehen; dass wir alle menschliche Wesen sind. Der Humor durchbricht das. Menschen zum Lächeln und Lachen zu bringen, ist zwanzig Mal effektiver, sie zu öffnen, als durch Konfrontation. Mark

75 Ich kam 1959 mit Anfang zwanzig nach Sydney. Zu diesem Zeitpunkt begann ich Frauenkleider anzuziehen, eine Drag Queen, ein Frauenimitator und Transsexueller zu werden. Ich habe nun schon seit über vierzig Jahren keine Männerkleidung mehr getragen. Ich bin transsexuell, aber ich hatte keine genitalangleichende Operation. Ich bekam meinen Doppel-D-Busen, auf den ich noch immer stolz bin, in den 70ern. Die Geschlechtsveränderungen wurden in Kairo, Ägypten gemacht. Ich war gerade dabei hinzufliegen, um meine Operation machen zu lassen, aber es wurde ein Attentat auf einen der ägyptischen Präsidenten verübt und mir wurde gesagt, ich solle vorerst nicht kommen, so habe ich es nie getan. Ich bin sechsundvierzig und werde mich deshalb jetzt nicht aufregen. Es macht mir nichts aus.
In den 50ern und 60ern arbeitete ich auf der Straße, um mir glamouröse Kleider für Shows leisten zu können, aber tagsüber arbeitete ich auch als Kellnerin. Ich arbeitete solange, bis ich genug Geld hatte, um meinen eigenen Laden zu eröffnen. Mir gehörte der Coffee Shop, der absolut großartig war. Es war exotisch, rote Wände, lila Teppich, Lederzeug. Ich musste sieben Tage die Woche öffnen, weil wir so beschäftigt waren. Wir öffneten um sechs und schlossen um drei Uhr Nachts. Mir gehörte auch der Nachtclub. Meine Angestellten waren Drag Queens, schwule Männer, Lesben, Prostituierte und auch Heterosexuelle. Er gehörte mir zwölf Jahre lang. Ich wollte eine bunte Mischung, und wir kamen alle gut miteinander aus. Was es uns schwer machte, in Sydney als Frau zu leben, waren die Polizisten – sie waren wie Halbgötter und sammelten uns jede Nacht auf, wenn wir uns auf der Straße als Prostituierte anboten. Sie brachten uns auf die Polizeiwache von Darlinghurst, spritzten auf uns ab, schlugen uns brutal zusammen, legten Telefonbücher in unsere Kleider hinein und benutzten uns als Sandsäcke. Sie rissen uns die Perücken vom Kopf und schmissen sie weg.
Zu dieser Zeit, in den 50ern und 60ern gab es dreizehn oder vierzehn Dragqueenprostituierte und ich bin die einzige, die noch am Leben ist. Carmen

76 Ich heiße Georgina Beyer. Ich bin seit 1976 transsexuell. Ich war circa 15, als ich den dazugehörigen Lebensstil annahm. Vor der Umwandlung wurde ich auf Carmens Balkon mit den Dragshows und der Coffeelounge eingeladen. Zum ersten Mal war ich Transgender- und homosexuellen Leuten ausgesetzt. Im Nachtclub sah ich all diese wunderschönen Drag Queens. Ich sah das Licht und schaute nie zurück. Ich wusste, dass es möglich war, etwas zu vollenden, das schon immer in mir war.
Die Dinge änderten sich. Was die Teilnahme am gesellschaftlichen Leben betraf, wurde dir nicht erlaubt wie jedem anderen, am wahren Leben teilzunehmen. In der Straßenszene war es lustig, aufregend, gefährlich, schmerzvoll, aber sie versorgte uns, sorgte für Drogen in unseren Venen, gab uns die Entschuldigung, unverschämt exhibitionistisch zu sein. Nicht alle Transgendermenschen führten diese Art von Leben, aber die Mehrheit von uns kam von Zeit zu Zeit damit in Berührung. Ich begann, die Müllhalde menschlichen Potentials, die aus meinen Zeitgenossen geworden war, abzulehnen. Ich betrachtete die, die vor mir gegangen waren, es gab nur wenige Vorbilder, Menschen die weiterkamen und wussten, wie sie es schaffen konnten.
1991 wurde ich ins Parlament gewählt, was mich zum weltweit ersten transsexuellen Abgeordneten machte. Im Juli 2001 wurde ich für eine weiter Periode wieder gewählt. Davor wurde ich schon zum weltweit ersten transsexuellen Bürgermeister gewählt. Dies stieß regional und international auf sehr großes Interesse.
Da war ich also, transsexuell, draußen und geoutet; und hier, im ländlichen konservativen Landesinneren Neuseelands, wurde ich mit großer Mehrheit zum Bürgermeister gewählt. Die Menschen hier waren dazu fähig, hinter das zu schauen, was oder wer ich war, und hinter meine Vergangenheit. Bedauerlicherweise musste ich aufgrund der extrem hohen Arbeitsbelastung im Parlament 2001 als Bürgermeister zurücktreten. Wir können uns nicht länger hinter dem Gespenst unterdrückter Menschen verstecken. Jetzt bietet uns die Welt wirklich viele Möglichkeiten. Jetzt haben die Menschen die Wahl, aus ihrem Leben zu machen, was sie wollen und sich selber voranzubringen wie sie wollen. Vielleicht ist das die größte Herausforderung. Ich möchte nie mehr auf der Straße landen, das ist ein wichtiger Maßstab. Ich könnte viel Gepäck mit mir herumtragen aber ich tue es nicht. Ich habe meine eigene Wahrnehmung davon, worüber sich zu sorgen lohnt und worüber nicht. Das ist sehr klar. Georgina

79 Wahrscheinlich war es mit elf oder zwölf als ich merkte, dass etwas zu Ende ging. Verdammt, am ersten Morgen, an dem ich zu bluten anfing und all die schrecklichen Dinge erlebte, die Frauen durchmachen müssen, war ich geschockt. Die ersten sechs Monate, in denen ich all das durchmachte, wollte ich nur sterben. So ernst war das für mich. Ich glaube nicht, dass Gender zu dieser Zeit irgendwas damit zu tun hatte. Dann war ich Chrissy.
Sexualität wurde zum Thema, als ich vierzehn oder fünfzehn war. Von mir wurde erwartet, mit diesen Verabredungsgeschichten anzufangen, das zu tun, was ich als körperliche Frau tun sollte. Hier war ich also, kämpfte mit den männlichen Personen, mit denen ich ausging, es gab ständig Auseinandersetzungen. Das waren nicht nur grundlegende Auseinandersetzungen, für mich war das ein echtes Problem. Etwas Tiefes. Die Sexsache war ein großes Problem. Man könnte es fast als Vergewaltigungssituation beschreiben. So fühlte ich mich körperlich, denn ich wollte es nicht tun. Aber ich machte damit weiter und hoffte, es wäre okay. Ich würde ein Bad nehmen und damit weitermachen. Ich erinnere mich an einen gewissen Morgen, als ich zu meiner Mutter ging und mir sehr schlecht war. Sie brachte mich zu einem Arzt, der mich untersuchte, sich dann zu meiner Mutter umdrehte und sagte: „Nun, in circa sieben Monaten werden Sie eine Großmutter sein." Ich saß nur am Tisch; verdammt geschockt. Es war eine plötzliche Reaktion: igitt! Ich schaute an mir hinab und stellte mir vor, wie ich fett wurde. Es fühlte sich einfach nicht richtig an. Ich war doch noch nicht mal fünfzehn.
Also kam diese Babygeschichte. Hier ist sie, Nicole. Wow, ich bin ein Elternteil und hab es sogar hingekriegt. So dachte ich damals. Mich schockt das sogar heute noch. Obwohl ich Mutterinstinkte habe, bevorzuge ich die väterliche Seite. Damals begann ich zu glauben, ich sei eine Lesbe, das sei eine sexuelle Sache. Ich identifizierte mich ungefähr acht Jahre lang als Lesbe. Ich machte das, was man als Lesbe macht. Ich ging als Frau mit Frauen aus. Aber es gab da noch etwas, was an mir nagte. Ich dachte, okay, wenn meine Sexualität nicht das Problem ist, was ist dann das Problem? Also holte ich mir Rat und begriff, dass ich transsexuell war. Ab da begann ich, mein wahres Ich zu leben, als Mann. Shane

80 Nach ungefähr einem Jahr Hormoneinnahme wurde die Stimme tiefer. An dem Morgen, an dem ich aufwachte und realisierte, dass meine Stimme tiefer war, schrie ich erst mal. Zweieinhalbstunden. Ich machte die Stereoanlage an und ließ alles raus.

Ich wurde an manchen Stellen dicker, an anderen schmaler. Ich habe viele Gewichte gestemmt und meine Brüste wurden flacher. Glücklicherweise hatte ich ohnehin schon einen ziemlich männlichen Körper. Ich scheine mich nun selber zu akzeptieren und fange an, männlicher auszusehen. Ich bin ein mutiger junger Mann, ich brumme fast. Ich fühle mich wie ein männlicher Teenager, und das ist teilweise hormonell bedingt, teilweise bin es nur ich. Endlich lebe ich mich. Wenn ich mich als Shane betrachte, bin ich einfach viel selbstzufriedener.

Anfang der 90er erzählte ich Vater, dass ich zum Mann werde. Er sagte, „Oh Gott, ich verliere meine Tochter", und ich sagte, „Ja Vater, aber du gewinnst einen Sohn, betrachte die Sache so." Seither habe ich meinen Vater nicht mehr gesehen. Ich habe zweimal mit ihm telefoniert. Jedes Mal betrachtete er mich noch als seine Tochter, was sehr traurig ist.

Nicole geht es gut dabei, sie ist ein nettes kleines Kind. Sie ist für mich mehr meine Freundin als mein Kind. Seit sechs Jahren nennt sie mich nun schon Vater. Sie weiß, was ich getan habe. Ich versuche so ehrlich wie möglich zu ihr zu sein, damit sie ein gutes Gefühl dafür bekommt, wer ich bin. Sie ist wirklich gut über Sexualität aufgeklärt. Sie lebte mit meiner lesbischen Partnerin und mir zusammen, als ich mich als Lesbe fühlte. Sie weiß, dass ich jetzt Männer treffe und einen Freund möchte, und sie kommt damit klar.

Ich war eine Heterofrau, eine bisexuelle Frau und eine homosexuelle Frau. Dann machte ich die Umwandlung zum Mann, dachte, ich wäre Hetero, und habe jetzt mein Comingout als schwuler Mann. Ich verstehe, wie schwer es für Menschen ist, den Halt zu bewahren.

Die Mensche müssen sich stärker auf ihre Gefühle besinnen, mehr in sich hineinhören und hinter die Oberfläche schauen.

Es gab eine Zeit, in der ich sehr schwarzweiß dachte. Wenn du lesbisch bist, machst du es so, wenn du hetero bist, machst du es so. Aber die Zeiten sind weit weg; weit weit weg. Ich finde, man kann sich selber nicht so viele Beschränkungen auferlegen. Ich kategorisiere nicht, ich versuche es zumindest und halte mich davon fern. Ich tauche einfach ein und nehme mir was ich brauche wann ich es brauche. Shane

83 Als ich Lisa traf, fühlte ich mich sofort wohl mit ihr, da ich wusste, dass sie auch transsexuell war. Ich bin FzM, Frau zu Mann, und sie MzF, Mann zu Frau. Wir fingen zusammen mit der Sexarbeit an, als Doppel. Also übten wir, was wir mit den Kunden machen würden. Das endete damit, dass wir einander erzählten, wie wir berührt werden wollten. Wir hatten eine tolle Nacht, wir spielten miteinander herum.

Am nächsten Morgen passierte etwas in mir. Als wir uns küssten, war das ein echter Kuss, das war keine Übung mehr. Das war wirklich schön und ich sah Sternchen. Ich spürte, dass ich schon lange nicht mehr geliebt habe oder jemanden hatte, der mich so wie ich war akzeptierte. Ich schätzte Lisa sehr. Nachdem wir ungefähr fünf Mal Sex hatten, sagte ich zu Lisa, wenn dein Schwanz in mir ist, fühlt es sich an, als ob ich einen Schwanz habe und du eine Vagina hast. So fühle ich mich wirklich, es ist bizarr. Zum ersten Mal in meinem Leben fühlt es sich richtig an. Es fühlte sich an, als besäße ich diesen Schwanz, der Lisa gehörte und sie fühlte dasselbe. Wir sind ein sehr entschlossenes heterosexuelles Paar.

Ich wollte gerade die Hälfte meiner genitalangleichenden Operation machen, und Lisa freute sich auf ihre, als wir uns trafen. Wir entschlossen uns eines Tages, dass wir es nicht tun würden. Warum sollten wir unsere Genitalien verstümmeln, wenn sie genau richtig angeordnet sind und so gut zusammen passen. Ich bin so glücklich.

Zum ersten Mal in meinem Leben habe ich meine Vagina akzeptiert und liebe sie. Ich betrachte meine Klitoris als kleinen Penis. Ich fühle mich wie ein Hermaphrodit. Ein paar Eier würden mich trotzdem nicht stören. Ich bin so weit zu akzeptieren, dass es okay ist, ein Mann mit Vagina zu sein, sie zu lieben und zu pflegen. Kurz vor meiner Periode letzte Woche spürte ich die Hormone. Ich denke, wozu brauche ich eine Totaloperation, wenn ich nur lernen muss, diese Seite von mir zu lieben. Sean

85 Als Kind steckte ich Stöcke in meine Unterhose. Als ich vier oder fünf war, waren diese Mädchen an der Wäscheleine bei meinem Haus und ich holte den Stock aus meiner Hose und gab vor zu pinkeln. Ich sagte zu den Mädchen: „Schaut, ich habe euch doch gesagt, dass ich einen Pimmel habe." Meine Mutter sagte, dass ich sie verrückt gemacht habe. Sie sagte: „Du hattest immer irgendetwas aus deiner Hose rauszuholen, wenn es nicht ein voller Schwall aus dem Schlauch war, um die Mädchen nass zu machen, war es etwas anderes, was aus deiner Unterhose kam." Sie sagte: „Ich musste dich ignorieren, weil ich nicht begriff, was du tatest. Ich betete, du würdest es nicht vor deinem Vater tun."

Für meine Eltern war es sehr schwer, für sie gab es damals keine Aufklärung. Sie taten ihr Bestes. Sie drängten mir keine Mädchensachen auf, ich wäre nur hysterisch geworden, wenn sie es getan hätten. Sie versuchten, es mir zu erleichtern. Sean

87 Ich nahm immer an, dass jeder meine Transsexualität bemerken würde, und dass das Bestandteil meiner eigenen Paranoia sei. Als ich Cindy traf und wir nach Hause ins Bett gingen, nahm sie an, ich hätte eine Vagina, aber ich hatte einen Penis. Das machte ihr nichts aus.

Wir haben auf die Operation gewartet und jetzt ist es endlich soweit. Wir sind total darauf gespannt. Meiner Meinung nach wird es eine Bereicherung sein. Wir lieben uns beide dafür, wer wir sind und nicht dafür, was wir zwischen den Beinen haben, das ist sehr klar geworden. Sie betrachtet mich noch immer als Frau. Das wirft viel Fragen darüber auf, was einen Mann zum Mann und eine Frau zur Frau macht. Jana

88 Seit der geschlechtsangleichenden Operation ist viel Zeit vergangen, und mein interner Kampf der Selbstfindung hat sich aufgelöst und mich mit einem Gefühl des Friedens zurückgelassen.

Als ich mich entschloss, ehrlich zu mir zu sein, dachte ich, das wäre eine emotionale und unendliche Reise ohne Lösung. Aber jetzt weiß ich, dass das nicht der Fall ist. Die Vaginaplastik brachte meine Reisen zu einem Ende, und ich habe einen Ort gefunden, an dem ich mein Geschlecht nicht festlegen muss. Für mich passt das Puzzle nun zusammen, ich bin einfach! Jana

90 Mein Name ist Norrie May-Welby. Das bedeutet, ich kann sowohl weiblich als auch männlich als auch beides sein. Bis zu einem gewissen Grad bin ich all das. 1989 hatte ich die geschlechtsangleichende Operation, die genitale Neubestimmung, Vaginaplastik. Sonst hatte ich keine andere Operation. Ich wollte keine Brustimplantate, ich bin ganz zufrieden mit meinen Brüsten aus Fleisch und Blut. Für mich war es harte Arbeit zu akzeptieren, dass mein Körper attraktiv ist, weil er keinen Stereotypen entspricht. Ich werde ihn auf keinem Bild sehen, ich werde keinen Schauspieler mit demselben Körper sehen. Er hat kein starres Geschlecht. Menschen wie ich sind nichts Neues. Seit Anbeginn der Zivilisation gab es Eunuchen, die für gewöhnlich die Dinge am Laufen hielten. Das Chinesische Reich ließ dich nur am öffentlichen Dienst teilhaben, wenn du ein Eunuch warst. Ich glaube, die Theorie war, dass, wenn deine Hoden weg sind, du nicht mehr an Sex denkst.

Ich arbeitete daran die Gedankenpolizei in meinem Kopf loszuwerden. Mich nicht mit dem Bild von mir aufzuhalten. Die meisten Menschen sind in der

Vorstellung, die sie von sich haben, gefangen, und sie meinen, sie um jeden Preis schützen zu müssen. Ob das nun die Vorstellung ist, dass ich ein echter Mann oder eine wirkliche Frau bin, diese Vorstellung kann dich einschränken. Wenn du diese Vorstellung los lässt, kannst du der sein, der du bist, anstatt in der Vorstellung von dem, der du bist, gefangen zu sein.

Die Menschheit wird sich entwickeln, sich und ihre Ressourcen besser zu nutzen. Es geht nur darum, alles zum Erblühen zu ermutigen. Norrie

92 Mein Name ist Rusty Nannup. Nannup ist eine Stadt im Westen von Australien in der Nähe des Flusses Nannup. Die Familie meines Vaters kommt von da. Nannup bedeutet „Versammlung des Wassers", glaube ich.

Das erste Mal entdeckte ich mein Geschlecht mit fünf. Mit den Hexenkniehosen meiner Großmutter und Tennisbällen unter ihrem BH ging ich in die Stadt. Ich erinnere mich vage daran, wie meine arme alte Nanny schrie: „Komm mit meinen Schlüpfern zurück."

Als ich erwachsen wurde, machte mir die Isolation am meisten zu schaffen. Die Tatsache, dass du innerhalb deiner eigenen Familie oder in deiner eigenen Stadt lebst und immer noch isoliert bist. Darüber nachzudenken, Brüste zu haben, war ein Luftschloss meiner Fantasie. Nach Sydney umzuziehen bedeutete, dass es Wege für mich gab. In Sydney gelang mir der Übergang.

Ich dachte, um andere schwarze Transgendermädchen in Sydney zu sehen, müsste ich sterben und in den Himmel kommen. Mit Anfang dreißig begann ich, Hormone zu nehmen, aber aus finanziellen Gründen ließ ich keine genitalangleichende Operation machen.

Sobald du dein eigenes Wesen, deine eigene Seele gefunden hast, sobald du zu dir zurückkehrst und glücklich und zufrieden mit dir bist, wird dein Körper auch seinen Platz finden.

Ich weiß, wer ich bin und ich fühle mich wohl, mit dem, der ich bin. Rusty

94 Ich wurde zur nationalen Abgeordneten der Transgender/Sistergirls für das australische Festland gewählt. Die erste Konferenz in Australien für transidentische Ureinwohner steht bevor. Innerhalb der eingeborenen Bevölkerung war Transgeschlechtlichkeit schon immer ein wesentlicher Bestandteil des Lebens. Erst seit die Religion ins Spiel kam, schauen eingeborene Gemeinschaften in die Bibel und verurteilen dich. Rusty

97 Zuerst bin ich ein Samoaner, danach ein fa´afafine und dann wunderbar. Fa´afafine ist ein Samoaner, der körperlich ein Mann mit dem Geist einer Frau ist. Ein Fa´afafine zu sein, bedeutet das wundervolle Geschenk, die Welt mit den Augen und dem Geist einer Frau zu erfahren und wie eine Frau zu sein, eine samoanische Frau, eine sehr starke Frau aus dem Pazifik.

Meine Eltern haben dieses Foto von mir, auf dem ich vier bin und diese weiblichen Gesten mache. Es ist schon in diesem frühen Alter klar. Ich glaube, ich wurde als Fa´afafine geboren und meine aiga, meine Familie im samoanischen Kontext, erzog mich, um geliebt zu werden und Liebe zu geben (alofa) und um dem, der ich heute bin, Vertrauen zu geben. Ich werde immer Fa´afafine sein, denn das ist, was ich bin.

Als ich 1959 mit neun nach Neuseeland kam, lernte ich schnell, dass das, was in Samoa die Norm war, in meiner neuen Heimat anders war. Ich konnte nie herausfinden, warum es als etwas Schlechtes betrachtet wurde, obwohl ich nicht schlecht war. Dafür dass ich mit den Mädchen kicherte und spielte, wurde ich in der Grundschule verprügelt. Ich erinnere mich, wie ich hundertmal auf die Tafel schreiben musste: „ICH MUSS MICH WIE EIN JUNGE VERHALTEN". Überflüssig zu sagen, dass es nicht funktionierte.

Trotz dieser Erfahrung glaubte ich immer, dass Fa´afafine zu sein, mich besser als die gewöhnlichen Menschen machte. Ich weiß, dass das furchtbar arrogant klingt aber ich glaubte, die Welt war eine Bessere, weil es mich gab! Ich glaube, dass wir Fa´afafines nicht nur in unserer Kleidung, sondern auch in unserem Denken farbenfroher sind.

Es ist, als würdest du etwas gegenüber von dir anschauen und dann drumherum nachdenken. Ich weiß, dass Frauen so denken – abstrakt – während Männer dazu neigen, konkreter zu denken. Das ist einer der Gründe, warum ich gerne mit Frauen arbeite. Karl

98 Fa´afafine gab es im Pazifischen Raum schon seit Hunderten von Jahren. Im gesamten Pazifischen Raum gibt es diese Personen, aber wir werden überall anders genannt. Im Königreich Tonga heißen wir fakafafine, aber in letzte Zeit öfter fakaleiti, was eine Transliteration von „eine Dame sein" ist. Auf den Cook Inseln sind wir als akavaine bekannt. Mahu ist der Name auf Tahiti und Hawaii.

Der Pazifische Raum wurde ab dem 18. Jahrhundert von Missionaren und seit Mitte der 1980er Jahre von christlichen Fundamentalisten kolonisiert. Sie brachten uns ein Glaubenssystem, das eine Nachbildung der Religion ihrer Heimatländer war. Die Sexualität betreffend, war es die Heterosexualität, verpackt in das Heiligtum der christlichen Ehe. Sie definierten Sexualität, unter anderem, neu, um sie für sich passend zu machen. Fa´afafine sollten „normalisiert" und als Männer betrachtet werden.

Das bedeutete, dass fa´afafine in vielen Dörfern befohlen wurde, sich männlicher zu verhalten, ihre Haare zu schneiden, sich Frauen zu nehmen und Kinder zu haben. Die Missionare und ihre Kirchen waren gut darin, die samoanische Kultur zu verändern. Sie sahen, welche Strukturen in Samoa schon existierten, nämlich die aiga (die Familie), die Matai oder das Häuptlingssystem und sie schlossen sich diesen Strukturen an. Diese eingeführten Gedanken und Verhaltensweisen wurden nach und nach zur Norm. Deswegen ist es unglaublich schwer zu sagen, was wirklich samoanisch oder „faá Samoa" und was eingeführt ist.

Als ich Mitte der 90er Jahre Matai (Samoanischer Häuptling) wurde, bekam ich von meiner aiga (meiner Großfamilie) den Fuimaonotitel verliehen, als Anerkennung meiner Dienste für meine aiga. Das ist für jeden Samoaner die höchste Form der Anerkennung. Die saofai (die Häuptlingszeremonie) wurde von hunderten Verwandten und Freunden aus Australien, Neuseeland, Amerikanisch-Samoa und Hawaii besucht.

Es kamen auch einige ganz spezielle fa´afafine, um mich an diesem Tag zu unterstützen. Auch ihnen wurde der Mataititel von ihrer aiga verliehen. Und wie sie gehörte ich nun zum Bereich der Entscheidungsträger von Samoa. Ich glaube als Samoaner und fa´afafine, bin ich Wächter einer besonderen Spiritualität, die mich an das Land, die Titel und die Menschen, die Lebenden als auch die Verstorbenen, bindet. Meine Zukunftsvision für Fa´afine und alle Menschen ist, dass sie die Fähigkeit, das Vertrauen und die alofa (Liebe) haben, sich als Menschen zu feiern. Es ist okay, anders zu sein aber vor allem ist es okay, DU zu sein. Soifua. Karl

Mani Bruce Mitchell
Das ist das Thema, mit dem wir uns in diesem Jahrhundert beschäftigen müssen. Was machen wir mit den Unterschieden auf diesem Planeten? Es geht nicht nur um geschlechtliche Unterschiede, es geht um alle Unterschiede. Wie können wir einen Ort schaffen, wo Menschen in ihrer ganzen Einzigartigkeit endlich anders sein können und es okay ist?